湛庐 CHEERS

与最聪明的人共同进化

HERE COMES EVERYBODY

非暴力养育

[法] 卡特琳娜·盖冈 著
Catherine Gueguen
窦镭 译

Pour une enfance heureuse

浙江教育出版社·杭州

你能有效管理自己和孩子的情绪吗?

扫码加入书架
领取阅读激励

扫码获取
全部测试题及答案,
了解科学的养育之道。

- 刚出生的孩子能够感知周围人的情绪吗?( )

  A. 能

  B. 否

- 当幼儿哭闹时,以下哪种应对方式是更科学有效的?( )

  A. 任由孩子哭泣

  B. 哭 10 分钟后再去哄

  C. 放一首舒缓的歌曲陪伴他

  D. 马上抱起他温柔安抚,并尝试寻找原因

- 以下 4 种养育方式,哪种对孩子的成长不利?( )

  A. 保持耐心,尊重孩子的成长节奏并接纳

  B. 情绪平和,愿意深入了解孩子行为背后的深层需求

  C. 在和孩子相处过程中能做到随时"在场"

  D. 时刻保持权威姿态,奉行"乖小孩逻辑"

扫描左侧二维码查看本书更多测试题

献给

伯纳德，感谢他的爱和坚定不移的支持；
我亲爱的孩子：尼古拉和爱丽丝；
他们的伴侣：塞西尔和弗雷德；
我的孙辈们：瓦伦丁、洛安和拉斐尔

推荐序

一场父母与孩子的心灵对话

托马斯·德·昂桑布尔
著名心理治疗师、非暴力沟通理论创立者

读完本书,你看待人类的方式将会发生改变。

事实上,我们总会带着某种倾向来看待他人。虽然我们的本意是好的,但在大多数情况下,由于无知或受到惯性思维的影响,我们对他人的印象仅仅源自零星片段,却将这一知半解视为事实的全部。仅仅粗略一瞥,我们的内心就产生了某种倾向,而这种倾向往往依然出于无知或惯性思维。因此,我们常常会在没有对接收到的信息详加分析的情况下贸然做出反应。

这种普遍存在的习惯每天都会带来大量的挫折感、误解以及或显性或隐性的暴力。面对如同

Pour une enfance heureuse
非暴力养育

"千层饼"般越堆越高、越积越多的误解，即使没有完全绝望，我们也会备感沮丧和无助。

很多父母和教师虽然希望与孩子建立良好的关系，却因为无法相互理解，使彼此都感到痛苦和困扰，甚至让双方的关系处于崩溃的边缘。他们总是强行为孩子设定一个成年人眼中的榜样，但往往适得其反。

我们完全可以避免陷入这种痛苦的关系之中，摆脱现在被越来越多人称为"情绪文盲"的状态。为此，我们需要下定决心告别无知，改变已经根深蒂固的习惯。

这就是盖冈医生劝导我们去做的事。我因而有幸领略她深厚的人性关怀，以及她在人的"形成"方面所拥有的专业知识。

盖冈医生让普通人也能够轻松掌握神经科学领域的知识，并接触到大脑结构和功能领域最新的研究成果。她详细阐述了人类情感的产生方式以及这种方式对人与自身的关系（自我意识、自尊、自信）和与他人的关系（信任、包容、安全感）所产生的影响。此外，她还讲解了如何认识和管理自己情绪、理解和接纳他人情绪，以及以共情的态度对待他人所产生的影响。她还提供了提高辨别能力、组织能力、规划能力、有效沟通能力以及创造力的方法。

本书新颖且富有启发性之处在于，它详细阐述了孩子在被孕育期间以及出生后的几年，他们周围的情感氛围与其大脑中关键部位发育之间

推荐序
一场父母与孩子的心灵对话

的直接联系。我们来到了一个几乎全新的大陆,我们只对它的轮廓和范围有依稀的了解,现在我们正在沿着它的海岸前进,探索它的小径。尽管很多人(并非所有人)知道,富有安全感并充满关爱的情感氛围对孩子的心理发展是"有用"的,但又有多少人知道这种氛围对孩子大脑的正常发育也是必不可少的呢?

大部分人对人类大脑的认知可以简单概括为以下几点:儿童的大脑和成年人一样,能够处理和理解一切事物;习惯于对一个三岁的孩子说"到时间了""你快迟到了""你不乖",认为他们能像成年人一样理解这些概念,但显然这是不可能的;人类大脑的发育是匀速和线性的;孩子的行为一旦不符合成年人的意愿,就认定孩子任性妄为或故意捣蛋,应该受到批评、责备、恐吓或惩罚,认为只有这样他们才能走上正路。

然而,本书向我们展示了一些不同的看法,即大脑不同区域的发育并非匀速的;大脑的所有能力并不是同时被激活的,一些区域的能力需要经过数月甚至数年的相互作用才能够逐步发展起来。因此,大脑的发育不是简单的线性过程,而是一个复杂的系统性过程。

此外,情感环境(人与人关系的质量和氛围,尤其是安全感、信任、温情和共情)并不是一种有用且友好的附属物,而是大脑发育的基本条件,决定着大脑所有的成长潜力。因此,我们需要重新审视我们对大脑发育的认知,并重新认识情感环境对大脑发育的重要性。本书为我们提供了新的视角,让我们更科学地了解大脑发育的过程,同时也让我们更加清晰地认识到情感环境的重要性。

这些发现对于那些已经有类似的觉知，并且能够无条件地付出关爱的人来说是显而易见的，但对于许多成年人（如父母、祖父母、教师、教育工作者和活动组织者等）来说，他们需要打破固有的思维和参照模式，改变一些行为习惯，并努力发展以下几方面能力：

- 保持耐心和接纳孩子的能力。尊重孩子的成长节奏、步骤和过程，远离"乖小孩逻辑"，放下作为父母或老师的权威。
- 管控情绪的能力。更深入地理解孩子间互动的方式、他们活泼好动的原因、他们的行为反应机制，包括他们的逃避、他们的亲近冲动和暴力冲动、他们的沉默和自闭等。
- 关爱、宽容和共情能力。学会随时做到"在场"。

保持耐心、掌控情绪和关爱等方面的能力，就像我们大多数其他能力一样，需要去学习和提高。我们不应该只重复走我们的老路！

本书对于当下的我们尤其有价值，特别是书中涉及的公共健康领域的知识，为我们提供了一把平衡人际关系、社会关系和社会生活的钥匙。

人际关系系统分析与复杂性研究领域的先驱保罗·瓦兹威克（Paul Watzlawick）发现：如果我们一直重复做过去的事，就只会得到与原来相同的结果。因此，如果我们希望在家庭、学校或其他场合建立更和谐、更愉快的人际关系，我们必须改变自己的行为方式。但是，如果不先改变自己的思维方式，我们的行为方式就很难发生改变。这就是问题的关

推荐序
一场父母与孩子的心灵对话

键：通过改变思维方式来改变行为方式，从而获得良好的人际关系。

本书的目标在于改变我们的思维方式。在我们的文化和许多其他文化中，尽管我们有着崇高的意愿和优秀的价值观，但暴力从孩子出生起就渗透到了我们与他们的关系中。如果我们不能直面从孩子童年时起就施加于他们大脑中的暴力因素，那么熟悉的场景就会不断重演，我们也就无法改变那些不同程度的危害社会的暴力，那些施加于孩子身体或精神上的暴力。对于绝大多数人来说，童年时期所遭受的暴力，即使是隐性的暴力，仍然是一个禁忌话题。只要我们不去谈论它，就能当它不存在。因此，我们中的许多人，特别是父母和教师，在完全没有意识到自己在做什么的情况下，以自己的实际行动延续着他们声称要抨击的暴力行为。

盖冈医生勇敢地深入研究了"日常教育暴力"这个主题。对此，我有些想法：教育暴力不仅仅包括体罚或其他形式的惩罚，它还涉及诉诸身体或精神限制的手段，以达到某种目的，比如让孩子做或不做某些事，说或不说某些话，采取或不采取某些态度等。尽管使用暴力的人的出发点可能是好的，希望给孩子灌输正面的教育，比如守规矩、好学、上进、合作、融入、建立边界感等，但他们对孩子大脑发育历程不够了解，也没有尝试学习其他的教育方法。

这些人不了解他们的教育方式可能会适得其反，会背离他们的初衷，对孩子造成伤害。因此，我们应该重视教育暴力问题，并寻找更好的教育方法，以便为孩子提供更健康、更积极的成长环境。

Pour une enfance heureuse
非暴力养育

　　盖冈医生在书中指出：这种日常教育暴力会对儿童大脑结构产生即时的负面影响，甚至会带来不可逆的不良影响，会严重影响其未来的社会生活。同时，在孩子对暴力做出顺从或抵抗反应的同时，双方都在这种暴力中不自觉地维持着一个古老的权力模式。

　　自古以来，一些人在与自己、与他人（尤其是妇女和儿童）或与大自然的相处中习惯以暴力的方式做决策、发号施令、指挥和控制对方；而另一些人则试图抗争、反叛，或者被迫屈服、陷入绝望，第一类人的相处模式也是一种对自我或他人施加暴力的形式。为了维持成年人和儿童之间的支配与服从的权力关系，我们在孩子的意识中安装和运行着一个悲剧性的程序，导致孩子的一生都可能被这个程序支配着。这个程序的编码是：当我们意见不一致时，解决分歧的唯一办法就是击垮对方或者被对方击垮。这种充满对立与分歧的人际关系模式，导致我们惧怕他人、选择加入竞争或干脆逃避，且很少产生接触、信任、包容、理解和尊重对方的差异甚至协同合作的兴趣。

　　在多年的工作经验中，我深刻感受到个人进步对推动并促进整个社群发展的强大助益。个人发展，无论是心理、人文、精神方面，还是三者兼备，都是促动社会可持续发展的关键。我期望本书能够帮助希望为自己以及同时代的人创造更美好生活的人，更深入地理解自己以及他人内在的人性。这样，我们就会更尊重孩子生命的每一个阶段，共享生活的欢愉，并学会无条件地爱我们自己和他人。

前言

为父母打开洞察孩子世界的大门

我受够了,马克西姆和尼娜真让我头疼。他们整天捣蛋、任性、不听话,这真的让我很担心。他们已经三四岁了,还是这样,我感觉很不对劲。如果他们一直这样下去,可怎么得了!

我已经尽力按照为人父母的一贯做法去做了,态度坚决且严厉,我会惩罚他们,让他们知道什么是规矩。有时候,我甚至还会打他们一巴掌。但是,他们好像根本不在乎,这让我一筹莫展。虽然我自己也是这样长大的,这种教育方式对我很有效,但是对我的孩子们却完全无效,他们似乎一点长进都没有。我非常担心,所以我想听听您的意见。

Pour une enfance heureuse
非暴力养育

在我的儿科门诊中，我不断遇到父母咨询孩子成长方面的问题，这也是我写这本书的原因。这些问题反映出他们在孩子问题上的茫然和忧虑。他们淹没在大量相互矛盾的信息中，不知所措。他们缺乏关于孩子成长的基本知识，并且没有花足够的时间去了解自己的孩子。这种需求表明，父母往往不了解自己的孩子是什么样的，是如何成长的，能够做到和理解什么。

近年来，情感神经科学的巨大进步为解决情绪、情感、人际关系和社会生活等方面的问题提供了越来越多的答案。这些进步有助于父母更好地认识和了解孩子，发现他们的根本需求，也利于消除阻碍孩子健康发展的因素。例如，孩子在出生后的几年是很难控制自己的情绪和冲动的，这导致父母与孩子的关系往往变得紧张。这是父母在子女教育中面临的一个比较大的困难。当他们意识到孩子的某些行为是由于大脑的一部分发育不成熟造成的，他们就会明白"孩子不是故意的"，从而对孩子这种"正常"的状态放下心来。这样，他们就可以采取更包容的态度，来适应孩子当前年龄段的状态。

引入神经科学来讨论情感和人际关系，可能会让某些人担心这一话题从"人"降至"生物"层面。但是，了解人类存在方式中的生物学因素，了解人类与他人交往时的心理和情感反应，了解当人感知到情感时身体会发生的变化，并不会削弱人际关系的魅力和神秘性。相反，这些生物学知识可以帮助我们更好地认识自己，更有效地与他人共情，也可以使我们了解并接受一个事实：人类的存在状态与我们的身体、情感、思想和环境之间的相互作用是不可分割的。就像天文学家试

前 言
为父母打开洞察孩子世界的大门

图了解宇宙,观察星云、星系和黑洞,对宇宙的魅力和神秘感到惊讶一样,我们也可以探索人类在人际交往中所产生的情绪和情感背后的奥秘。

世界各地的研究者一直在探索这些问题,包括加州大学洛杉矶分校精神病学系主任、情感神经科学研究员艾伦·斯科尔(Allan Schore),威斯康星大学麦迪逊分校情感神经科学实验室负责人理查德·戴维森(Richard Davidson),俄亥俄州立大学情感神经科学研究室主任雅克·潘克塞普(Jaak Panksepp),以及芝加哥大学认知和社会神经系统科学中心主任约翰·卡乔波(John Cacioppo)等先驱。他们的研究为我们改善情感关系和社会关系提供了一个令人兴奋的全新视角。

孩子的情感发展以及对交流的渴望,从他们生命之初就开始了。当他们还在母亲的子宫里时,他们就对周围的人十分敏感。当某个人声音柔和或某个人触碰母亲肚子的动作温柔并且充满尊重时,他们就会活跃起来,积极接触那个令他们感到亲切的人。相反,他们会躲避那些令他们感到不愉快的声音以及不恰当、笨拙、粗鲁的触碰。因此,孩子从小就知道什么行为是友好的,他们只是在等待一个信号,去奔向那两个给予他们生命的人。当父母温柔地让孩子感受到自己的存在时,情感和人际关系的种子就会在他们心里发芽。

从出生到终老,他们都将寻求与朋友和伴侣之间的情感关系。这些关系有时是愉快的,满足了他们对爱、对和谐与被认可的渴望;有时是

Pour une enfance heureuse
非暴力养育

不愉快的，让他们陷入深深的空虚和沮丧之中。

人类的心理和情感结构是通过维持人际关系的经验以及与他人产生的冲突逐步形成的。我们努力形成自己的特质，并与他人进行比较，建立各种联系，尽量让生活变得更加充实。生活在一种充满爱的情感关系中是一个人能得到的最大的幸福之一。

当人与人相遇时，会发生什么？我们如何成为一个能够适应社会生活、富有同情心，以及懂得尊重他人的人？

在大脑中，与情绪、情感相关的分子、细胞和神经回路使我们能够与他人建立联系。人具有社会属性，我们的生存状态与他人密切相关，只有在社会环境中不断交流才能生存下去。一个与他人相隔绝的大脑是没有意义的。生物学现象会影响人的社会关系，而社会事件又会刺激大脑的发展。

孩子所处的环境、周围人的行为和态度，将共同决定他们未来的生活。从胚胎期到六七岁，这段时期是为将来的生存行为打下基础的重要阶段。孩子在最初几年人际关系中获得的经验对他们而言将是决定性的。在这段时期，他们的大脑发育非常不成熟，正处于可以被全面塑造的阶段。因此，孩子在幼儿阶段是脆弱且可塑的，容易受到环境的影响。他们的大脑具有惊人的可塑性，可以在新的神经回路中"刻录"所有的经验，无论是正面的还是负面的。

前 言
为父母打开洞察孩子世界的大门

如果成年人从孩子很小的时候就知道什么对他们的和谐成长有益，那么他们就可以给孩子创造和搭建"好的神经回路"。孩子即使到了青春期，也会与父母继续保持这种令人满意的关系。

本书写给所有与儿童长期接触的成年人，包括孩子的父母、其他家庭成员和教育工作者。同时，关心人类发展的人士也可能会对此感兴趣，因为本书涉及大量有关儿童大脑发育和促进儿童健康成长的内容。

我们在短短几年内就学会了如何使用电脑和网络，为什么不能去探索和了解自己的大脑是如何运作的，特别是去了解自己孩子的大脑是如何运作的，以便更好地理解孩子？我希望本书能触发你们探索这片迷人新大陆的兴趣。

本书内容涉及父母与孩子之间经常被打上"无法理解"标签的亲子关系，不同的教育方式，以及在工作、家庭和日常生活中所有会接触孩子的成年人。养育孩子的方法多种多样，并充斥着各种争议。我们将反思自己曾经接受的教育，以及当下孩子在家庭和学校所接受的教育。我们会思考儿童大脑接收的知识是否对增进成年人与孩子之间的关系有益。我们会尝试寻找有助于孩子成长的要素，以及任何可能阻碍孩子成长的因素。我们还将思考人类暴力的起源，并探讨教育暴力仍然如此普遍的原因。

我希望你读完本书后，能够和你的孩子在生活中一起更坚定、更自信、更幸福地前行。

目录

推荐序　一场父母与孩子的心灵对话
前　言　为父母打开洞察孩子世界的大门

第 1 章　新手父母的恐慌与桎梏　001

产后不良情绪　002
在"想陪孩子"和"工作"之间左右为难　004
缺乏交流让亲子关系渐行渐远　008
铺天盖地的养育建议　010
尊重孩子的生理需求：吃饭和睡觉　011
独处变得难如登天　011
父母面临的养育孤独　012
童年经历被复制在养育行为中　013

第 2 章　融合爱与沟通技巧的共情养育　015

认知共情和情感共情　017
在人际关系中，共情很罕见　020
共情沟通是能够习得的　021
人际关系中的错觉引发大量误解　025
孩子天生具备且擅长共情　027
当孩子没有被倾听和尊重时　029
共情是儿童大脑发育的加速器　030
权威养育可能会作茧自缚　031

第 3 章　儿童的大脑发育和情感发展　037

三位一体的大脑　038
童年期的大脑　040
青春期的大脑　045

第 4 章　抓住儿童大脑发育黄金期　049

情绪和情感的区别　052
当成年人被强烈的情绪所笼罩时　053

目录

前额叶皮质活动减弱引发的暴力倾向　056
眶额区在情绪感知及共情能力中起决定　058
性作用
前扣带皮质是情感和认知的连接点　064
前额叶是共情和社交能力的关键　067
杏仁核是情绪和人际关系的关键枢纽　082
海马旁回是学习记忆、情绪记忆和长期　090
记忆的中枢
其他大脑结构的功能和作用　098

第 5 章　权威养育对儿童大脑的永久损伤　103

应激反应的两大调节系统　104
压力：神经元受损的重要原因　109
压力会产生大量对人体有害的肾上腺素、　110
去甲肾上腺素和皮质醇
生命初年：塑造大脑的关键时期　115
压力影响：改变儿童的性格　119
紧张日常：孩子每天面临各种"小压力"　121
恐惧教育：儿童大脑成熟的绊脚石　124
共情与温柔：有效划定孩子的行为界限　127
压力与染色体：童年经历的深远影响　130
母性关爱：孩子大脑发育的加速器　134

3

Pour une enfance heureuse
非暴力养育

第 6 章　让儿童智力和社交能力实现飞跃发展　141

在儿童大脑发育中起关键作用的两种神经元　142
"第六感"是最原始的共情　147
孩子擅于独立学习，且无师自通　149
孩子擅长在模仿中学习　150
我们希望向孩子传递什么？　150
催产素给孩子带来的幸福感　153
母爱让女性成为更好的母亲　161
被遗弃的孩子遭受的创伤难以弥合　167

第 7 章　带给孩子幸福感和积极的人际关系　169

催产素对父亲与孩子的关系的影响尚待探究　170
父亲与母亲在爱护孩子的能力上是相同的　171
家庭同步性带来的良性循环　173
融洽的师生关系有助于孩子的学习　174
内啡肽让孩子产生弥漫全身的幸福感　175
生命最初阶段的母子分离对孩子是一种巨大压力　176

第 8 章　唤醒孩子对生活的渴望　　181

动机 - 奖励系统　　183
让孩子每天都有玩耍的机会　　185
邀请小伙伴来家里玩　　189
和孩子分享我们感兴趣的事物　　192
让孩子感受到被爱　　192

第 9 章　让孩子远离日常教育暴力　　195

你可能在无意识地使用日常教育暴力　　196
打孩子屁股引发的严重恶果　　203
为什么父母无力摆脱教育暴力　　205
伤人和侮辱人的话语会对孩子造成灾难性的影响　　206
从"道德制高点"引发的道德规则混乱　　213

第10章　成为孩子的"引导者"而非"领导者"　　221

孩子的成长，不能太孤单　　222
给孩子无条件的爱与信任　　223

给孩子足够的自由、空间和自主权	225
理解和安抚并不意味着让步和放纵	229
做清晰的榜样，让孩子安心	236
父母是园丁	237

后 记	**关注孩子，从改变自己开始**	239
致 谢		245

POUR UNE
ENFANCE HEUREUSE

第 **1** 章

新手父母的
恐慌与桎梏

> 世界上只有一种真正的奢侈，那就是人与人的关系。
>
> ——［法］圣·埃克苏佩里（Saint-Exupéry）
> 《人类的大地》（*Terre des hommes*）

产后不良情绪

在孕期，准父母们常常会畅想与即将出生的孩子建立理想的亲子关系。而当孩子降生之后，他们会突然意识到，这种理想关系的建立并非自己可以决定的。

尽管新生儿的到来让他们欣喜万分，但这种欣喜很快就会被日常生活中的琐事以及孩子各种令人抓狂的行为所淹没，他们会感到束手无策，并感叹："我从来没有想到照顾一个婴儿会如此麻烦，也没有人告诉我会这样。我对此毫无准备，不知该如何应对。"

日常生活中的各种琐事、繁忙的工作、对养育孩子的茫然无措，以及周围人的各种建议和他们自己所受的教育，甚至与社会的脱节等，都会成为破坏亲子关系的因素。

第 1 章
新手父母的恐慌与桎梏

年轻的母亲在孩子出生后，可能会经历一个情绪脆弱的阶段，通常被称为"产后心绪不良"[①]。这个阶段通常从分娩后第三天开始，持续时间不会很长，最多只有几天。新手妈妈的情绪很容易崩溃，她会哭泣，感到迷惘，对这个对她予取予求的小家伙感到无力应付，精疲力尽。她会想："我永远当不了一个好妈妈。这太难了！我做不到，我搞不懂他（她）。我受不了了，我甚至不知道我是不是还爱这个孩子，这让我感到恐慌。"不过，很快她就可以重新振作起来，继续照顾孩子。

造成这种产后心绪不良的原因是多方面的：情感上的波动、对孩子的担忧、初为人母的沉重责任，再加上分娩的劳累、睡眠不足和激素水平的骤降。然而，如果这种情况没有很快得到改善而是任其发展下去，就会发展成产后抑郁症，需要尽快就医。

一些男性也会因孩子的出生而变得脆弱，混杂着无力、无助、愤怒和焦虑等情绪，但这种情况较女性少见。

一般来说，在第一个孩子出生后，父母的情绪波动尤为突出，特别是在周围没有其他孩子的养育经验可供参考的情况下。照顾一个看上去十分脆弱的小生命，这种沉重的责任会让新手父母感到焦虑。好在，只需花上一点时间去观察和了解自己的孩子，他们就会很快找回自信。

即便父母乐于养育一个孩子，疲倦感和情绪上的波动也无法避免。

[①] 产后心绪不良（maternity blue），也称产后忧郁，与产后抑郁又有区别。——译者注

他们会觉得自己的节奏被打乱，第一个孩子的到来彻底改变了他们的生活。这个婴儿在生活中占据了一个过于重要的位置。原本无忧无虑的生活不复存在，他们要为一个完全依赖自己的生命负责。这个生命需要他们付出大量的情感、关注和时间。有些父母甚至会感到恼怒，会朝着这个剥夺了他们自由的孩子发火："我受不了了，脑子里的弦要绷断了……"他们并没有预料到一个孩子需要自己付出如此多的时间、精力和感情。他们会怨恨这个孩子让自己再也找不回曾经的美好生活。如果孩子经常哭闹，那么他们忍耐的底线很快会被打破。

至于夫妻关系，只能是过一天算一天。孩子的到来并没有让他们变得更为亲密。妻子的生活重心从此彻底转向孩子，对孩子投入了自己大部分感情、关注和精力，丈夫有时会感觉被忽视、被抛弃、被排斥。夫妻关系日渐紧张。尤其对那些关系本来就不太融洽的夫妻来说，更是雪上加霜，甚至会导致感情破裂。但如果双方能互相体谅，这个阶段就会比较平稳地度过，只不过在此期间孩子成了夫妻生活的重心。当夫妻双方一起克服了孩子出生最初几个月带来的不适之后，生活就会逐渐恢复平静。

在"想陪孩子"和"工作"之间左右为难

在家庭与工作之间找到平衡、照顾和养育孩子，夫妻应该共同承担。带薪产假期通常十分短暂。在法国，生育第一胎和第二胎的产假只有 16 周，并不能满足照顾新生婴儿的需求。在生命的最初几个月，孩

第 1 章
新手父母的恐慌与桎梏

子的成长发育需要父母提供个性化的照顾、足够的热情和特别的关注。这一点我会在后面的章节展开来讲。

尽管现在有越来越多的父亲参与到了育儿中并乐在其中，但抚养孩子的重任仍然主要由女性承担。在法国，享受育儿假的 53.6 万人中，97% 是女性。

养育的洞察
Pour une enfance heureuse

> 在孩子出生后的第一年，父母只有共享一个足够长的带薪育儿假，才能够真正满足这个小生命的基本需求。对于孩子本身和整个社会的未来而言，这都是一笔真正的投资。一个得到良好照顾的孩子无论在生理上还是心理上都会发育得更和谐，多半会成长为一个快乐的成年人。

如果能够像北欧一些国家那样，夫妻共同分担养育压力，他们就能更容易实现家庭与工作之间的平衡。成为父母后，如何平衡工作和养育就成了一个难题，有时会因此产生困扰和压力，进而影响亲子关系。大部分女性都希望继续工作，同时也想花更多的时间来陪伴孩子。也有一部分男性持有相同的观点。

孩子出生后，通常是由女性选择是否继续工作或者调整工作时间。

Pour une enfance heureuse
非暴力养育

无论是留在家里还是出去工作,她们都会心生负罪感。一些女性由于经济状况不佳,必须尽快恢复工作;另一些女性虽然有选择的余地,但孩子的出生完全改变了她们对生活的态度。在和孩子一起度过几个星期后,她们对孩子的依恋和爱逐渐加深。与孩子分离,不能和他们朝夕相伴让她们感到心痛。这些母亲们面临着一场痛苦的抉择,她们在"陪孩子"和"去工作"之间左右为难,需要重新找到平衡点。

> Pour une enfance heureuse　　　　　　　　经典案例
>
> 安东尼2个月大了,他安静地躺在妈妈的怀里。而这位妈妈焦虑地告诉我:"我不想回去上班。我曾经是一个在职场上追逐成功的女性,非常看重自己的事业。但是现在,我不想回去上班了。我心乱如麻,睡不好觉,常常做噩梦,梦见我离开了安东尼,然后他孤苦伶仃地死去。我没想到自己会这么爱他。对我来说,这太不可思议了。我想陪伴他,照顾他,保护他,让他感受这个世界的美好。但是,如果我不回去上班,我会受到很多非议,还担心失去现在的职位,担心将来失业。但如果我回去上班,我会因为不能同时照顾孩子而感到愧疚。这真的是一种折磨!"

在孩子出生后的第一年女性是否该继续工作的问题上,妈妈们的态度各不相同。有些人选择停止工作几年,或是请几个月的育儿假,专心照顾孩子。一些人则兴高采烈地辞职,但照顾孩子逐渐让她们感到疲惫不堪,又想重返职场。还有一小部分人,因为和孩子待在家里过久而抑郁。也有人通过调整工作时间,在家陪孩子一天或半天,或者提前下班

第1章
新手父母的恐慌与桎梏

回家陪孩子。

一旦女性找到让自己满意的生活节奏,她们就能够在工作和家庭之间应付自如。许多女性渴望通过工作等途径来充实自己,展现自己的天赋、才华与能力,实现自我价值。她们一方面希望成为完美的母亲,和孩子建立情感和养育关系,一方面又希望成为一个好妻子,和伴侣保持亲密关系。

尽管女性追求实现自我的愿望是合理的,但这也给她们带来了很多困扰和罪恶感。在家庭和工作之间找到平衡是个人的选择,因为每个人的情况各不相同。此外,这种两者的平衡需要根据家庭和社会环境、孩子的年龄、生活方式的选择、伴侣关系、工作意愿和收入状况等多种因素反复进行权衡。

调整工作时间以适应家庭状况和孩子的年龄是一种可行的方案。随着孩子的成长,减少下午的工作安排以获取更多的家庭时间。相较于一生的时间,孩子留在家里的时间是短暂的。因此,待孩子长大后,女性可以重新全身心地投入事业中,许多人都希望重新开始全职工作。如前所述,如果孩子的父亲能够分担一部分照顾孩子的工作,母亲会更容易获得家庭和工作的平衡。

法国"育儿观察站"指出:75%的工薪阶层父母认为,其任职的企业或组织在平衡事业和家庭方面所提供的支持"不够充分"。具体来说,他们最需要的是时间管理方面的支持:30%的父母希望"优化日常规章制度，例如避免把会议安排在早上或晚上"；22%的父母提到了"带薪家庭假期"；18%的父母提到了"产假和育儿假"。

这些措施关系到数百万法国人的生活质量，同时也涉及一些重要的经济和社会问题，例如工作中的健康状况和生活质量、女性在企业中的地位、个人和企业的可持续发展、对儿童的教育和对出生率的维持等。

经济方面的压力也会增加我们的困扰，对于成年人和孩子建立和谐的关系也是不利的。当父母的工作状况不稳定或工作太繁重时，这种压力会对家庭产生负面影响，尤其是对亲子关系。疲倦、焦虑、烦躁的父母难以随时回应孩子的需求，这会进一步给家庭带来压力。还有很多其他因素也是压力的来源。

缺乏交流让亲子关系渐行渐远

缺乏交流会导致亲子关系疏远以及父母对孩子的情况缺乏了解，甚至产生误解。尤其是当父母都工作到很晚，回家已经疲惫不堪，还要忙着做饭和料理家务时，与孩子建立高质量的亲子关系就越发困难。

在这种情况下，孩子的大量时间往往会花在手机、电视、电脑和电子游戏等上面。《英国医学杂志》（*British Medical Journal*）曾经发表

第 1 章
新手父母的恐慌与桎梏

了一份报告，儿童每周平均花费 21 小时看电视，也就是每天平均花费 3 小时，这还不包括他们在其他屏幕前花的时间。相比之下，父母与孩子的交流时间非常有限，每周平均仅为 38 分钟。根据法国最高视听委员会的数据，4～10 岁的儿童每天要花费 2 小时 12 分钟看电视。到了 2012 年，这个时长仍然没有缩短，欧洲数字电视全球公司的统计数据显示，4～10 岁儿童每天平均花费 2 小时 18 分钟看电视。这种现象必须引起家长和教育工作者的重视；促进亲子交流和合理管理孩子的娱乐时间，以建立更健康的亲子关系刻不容缓。

目前很少有研究关注父母在孩子身上花费的时间长短。一项研究表明，无论女性是否工作，她们在孩子身上花费的时间都高于男性。这些时间包括"日常起居、出行、互动（亲吻、拥抱、责骂、谈话、阅读、室内游戏、户外游戏）以及功课辅导"。具体而言，女性平均每天花费 58 分钟用于照料孩子的日常起居，19 分钟用于同他们出行，13 分钟用于同他们互动，7 分钟用于为他们辅导功课。然而，法国男性每天在孩子日常起居上花费的时间为 20 分钟，出行上为 10 分钟，互动上为 11 分钟，功课上为 3 分钟。这样短暂的亲子交流，很难帮助他们与孩子建立起高质量、相互包容的亲子关系，孩子和成年人之间也很难相互理解。养育一个我们不太了解、不太理解的孩子，任务自然艰巨。

值得注意的是，父母并不是唯一受到影响的群体。儿童服务机构（如托儿所、幼儿园、日托中心和学校）由于需要照顾大量孩子，相关的教育工作者也无法花费足够多的时间与每个孩子建立令人满意的关系。这个问题需要得到更多的关注，以确保孩子们能够在健康、温馨的家庭和社会环境中成长。

父母通常了解孩子的生理和认知发育，比如什么时候长牙、什么时候能坐和站立，以及什么时候开始阅读等。但是很少有人清楚孩子情感生活和情绪反应的各个阶段是怎样的，这可能导致父母无法根据孩子所处的特定年龄段来调整养育方式，从而对孩子造成伤害。

随着孩子日渐长大，他们的行为和情绪等会逐渐发生改变，而父母也需要逐渐适应这些变化。6个月大的婴儿和3岁的幼儿是完全不同的，他们的行为、情绪反应和需求都有所不同，这种变化会贯穿整个童年期。如果成年人能够了解孩子情感发展的各个阶段，就可以更准确地回应每个年龄段孩子的特殊需求。

铺天盖地的养育建议

在如何养育孩子的问题上，众说纷纭，令父母困惑不已。电视节目、育儿书籍、网络信息等都提供了大量的建议，父母还要听取周围人给出的"经验型"建议，其中有些建议甚至是相互矛盾的，这让父母陷入信息旋涡，感到茫然无措："我该怎么办？我已经完全搞不清楚了。"

虽然给出建议的人通常出于好意，但由于他们并没有与这个孩子一起生活，对这个孩子的了解也有限，无法真正了解孩子的实际需求。因此，这些建议并非都恰当准确，也不具有针对性，有时甚至会扰乱父母或儿童教育工作者的判断。

尊重孩子的生理需求：吃饭和睡觉

如果我们想知道亲子关系是否良好，只需要问一问孩子吃饭和睡觉的情况……实际上，父母和孩子间的绝大部分冲突都集中在吃饭和睡觉上。这两件事情非常微妙地集合了很多因素：生理需求、社会习俗、文化习惯和成年人的意愿，等等。父母总是希望给孩子"最好的"。他们希望培养一个有教养、身体健康、吃得香睡得好的孩子。他们所做的一切都是"为了孩子好"。

但是他们所采取的方式却并不是真的那么好。当命令孩子"该吃饭了，该睡觉了"的时候，并没有考虑到孩子是不是真的饿了或困了，这会让孩子失去自我判断，陷入自我怀疑和困惑中。他会失去自我认知，不能感受自己的真实需要，而这对他今后掌控自己的生活会产生很大影响。当他真的困了或者饿了的时候，他就会无从应对。

独处变得难如登天

作为父母，我们需要平衡自己的时间和孩子的需求。我们必须在确保孩子高兴的前提下，为自己留出一些私人时间。然而，孩子有时候会紧紧地黏着我们，让我们连喘口气的时间都没有。这时候，我们需要释放一下自己，让孩子与其他人愉快相处。如果我们没有这个能力，我们可能会把自己的不愉快转移到孩子身上，让他们承担我们的情绪后果。

因此，作为父母，我们需要找到一个合适的时间和方式，让我们有机会独处或享受二人世界。可以在晚上或周末，把孩子交给可信赖的人，这样我们就可以有一些私人时间，放松一下自己。这样做不仅有利于我们自己的身心健康，也有助于我们更好地照顾孩子，避免将自己的负面情绪传递给他们。

父母面临的养育孤独

当第一个孩子出生时，新手父母常常感到不知所措，并意识到养育孩子是一项极其复杂的任务。他们渴望与他人交流，又担心诉说自己的困境可能被视为一种无能的表现，因此通常会独自承受内心的煎熬。他们总是口是心非地表示，"还行，都挺好的"。与他人讨论如何与自己的孩子相处的问题并不愉快，因为这可能唤起他们内心的隐秘情感和想法。他们可能因为自己未能成为一个"好"家长而感到内疚，还会担心受到别人的批评和指责。尽管现在有许多专业的社会团体和咨询机构，可供父母前往寻求咨询和倾诉，但很多人并不知晓这些机构的存在，或者因为害怕被指责而不愿前往。

即使有些父母愿意倾诉，但如果与家人相距较远，交流就会变得困难。对于单亲家庭来说，这种孤独感会更加明显，因为单身父母只能独自养育孩子。

父母的孤独感往往会对孩子造成伤害，继而导致他们与孩子的关系恶化。父母经常会沉溺于自己所经历的不幸，而这也会给他们与孩子的关系带来负面影响。

童年经历被复制在养育行为中

成年人的童年经历和家族历史都会对他看待孩子的角度、与孩子相处的态度和养育孩子的方式产生影响。因此，成年人对孩子表现出的情绪、看法和态度是多种多样的，其中部分是受到个人童年经历的影响。

有些人天生就具备亲和力，能与孩子相处得很愉快；而另一些人虽然努力想要亲近孩子，却不得要领，以致孩子难以亲近他们。还有一些人对孩子非常冷漠，甚至会表现出敌意或排斥。

有些人可能会把孩子看作懂得一切的小成年人，赋予他们成年人的责任；或者完全相反，认为孩子一无所知，必须默默服从，甚至可能会体罚孩子。

在回顾父母可能会面临的养育难题之后，我们会发现，父母与孩子

Pour une enfance heureuse
非暴力养育

的关系非常敏感、复杂,并且充满了挑战。然而,除了那些不能照顾自己孩子的人以外,大部分父母在内心深处都非常爱自己的孩子,并且希望能够与孩子建立起一种高质量且亲密的关系。

POUR UNE
ENFANCE HEUREUSE

第 **2** 章

融合爱与沟通技巧的共情养育

作为高度社会化的生物，人类天生需要与他人接触。然而，这种接触虽是人类的日常之一，却布满了圈套和陷阱，以至于我们虽然期望与他人接触，但这种关系又常常是混乱和不尽如人意的。

情感神经科学和社会神经科学领域的研究表明，我们的大脑实际上是与他人"相连的"，一切都是为了促进我们的社会性发展。我们的大脑对周围的世界完全开放，大量分子、细胞和神经回路会参与其中。我们通过与他人接触来建立各种类型的关系。即便一些看似不重要的接触，也会在我们的生命中留下痕迹。每一次与他人的接触都会对我们的身体、大脑、情绪、思想和生活产生影响。

周围的人对我们有着很大的影响，而我们本身也以自己独有的方式影响着周围的人。当彼此关系融洽时，人们的整个身心都会受到积极的影响；反之，冲突不断的关系，将会导致大量精神上的痛苦和身体机能的紊乱。

因此，建立真正良好的人际关系对于我们的心理健康和幸福至关重要。伦敦儿童心理健康中心负责人、心理学家马尔戈·桑德兰（Margot

第 2 章
融合爱与沟通技巧的共情养育

Sunderland）表示："我们与他人相处的质量是影响我们身心健康的重要因素之一。建立真正良好的人际关系意味着与自我和整个生命建立起更深层的联系。"那么，我们理想中与他人的关系应该是什么样子的呢？

虽然不是所有人都能意识到，但从答案来看，所有人都有着相同的愿望：被爱、被倾听、被尊重，以及被认可。具体来说，人们希望他们的情绪、感受和意愿能够被接纳和理解，希望在有需要的时候得到建议和帮助。然而，他们最深切的愿望是建立和谐的、相互包容的人际关系。孩子也是如此，他们渴望与成年人建立一种共情的、相互吸引的关系。

认知共情和情感共情

为了更好地理解"共情"，我们需要先区分"同情"（sympathies）和"共情"（empathiec）。研究者对这两个容易混淆的概念给出了不同的定义。

芝加哥大学研究情感和社会神经学的学者让·德赛第（Jean Decety）认为，对某人产生同情意味着"自己渴望带给他（她）安适之感，而非被他（她）吸引或倾向于他（她）"。同情只是单纯地希望给对方带来安适之感，为儿童的道德发展提供了必要的情感基础。

至于共情，德赛第认为可分为认知共情和情感共情。认知共情意味着理解他人的意图，而情感共情则意味着能够感受并分享他人的情绪和

Pour une enfance heureuse
非暴力养育

感受。因此，只有同情而没有共情的情况是存在的。当我们想带给一个人安适之感时，就对他（她）产生了同情，但由于没有理解或分享他（她）的情绪和感受，所以并没有产生共情。仅仅聚焦于给某人安适之感，而没有对其产生共情，可能会导致许多冲突和误解。

Pour une enfance heureuse　　　　　　　　　经典案例

> 4岁的艾玛该去游泳了。游泳池的情景让她感到害怕，但她没有告诉父母。父母也没有意识到她的焦虑，反而以为游泳可以让她开心。他们认为游泳这件事可以让艾玛快乐，但忽略了她的真实感受。结果，艾玛在水里哭闹不止，并因此对父母心生怨气，不再信赖他们，因为正是他们的疏忽才让她经历了这件令她害怕的事。这件事让艾玛和父母的关系变得疏远。

需要注意的是，共情并不总是和同情一起出现。感受并理解他人的情绪和情感，并不意味着对他们产生同情。

Pour une enfance heureuse　　　　　　　　　经典案例

> 维克多今年3岁，照顾他的长辈明显感受到了维克多今天早上的忧愁和伤心，对他产生了共情。然而，这位长辈并没有采取任何行动来安慰维克多，即没有对他产生同情。因此，当维克多和这位长辈在一起时，他感受到的不是安全，而是孤单。没有被长辈理解，这让他更加伤心，而维克多和这位长辈之间的关系也因此变得疏远。

第 2 章
融合爱与沟通技巧的共情养育

共情的对象有两种：自己和他人。自我共情指的是坦然地接纳我们内在生活的一切，包括各种情绪、感受和意愿，而不带有任何评判或偏见。这种自我意识的觉醒来自我们自身。

这种自我认知不是固定的，它会随着我们的生活节奏的变化而变化，不断地影响和改变我们。这种自我认知也不是完整的，因为我们自身还存在着无意识和神秘的部分，这一部分无法被我们的意识所了解。

如果我们无法对自己产生共情，那么与他人共情就会变得困难，甚至完全无法共情。

自我共情是与他人共情的前提。只有坦然接纳、理解他人的情绪、感受其所有优缺点，我们才能真正地对他人产生共情。通过这种共情，我们可以与他人建立更深入的关系，并且更好地理解他人的内心世界。

因此，我们需要花费一些时间去接纳眼前的人，无论他们的情绪、感受或者意愿是什么，都要去倾听并理解，而不是随意评判或指责。除非他们自己提出，否则我们不应轻易给出建议。通过这种方式，我们才能真正与他人建立联系，并更好地理解他们。

Pour une
enfance heureuse　　　　　　　　　　　　　经典案例

桑德琳娜有一个 2 岁的孩子和一个 4 岁的孩子。她非常爱他们，却又经常觉得十分迷茫，不知道该拿他们怎么办。她不允许自己去细想这到底是怎么回事，也不愿意承认自己的这种情绪。她的父母总是对她说："不要太在意这些想法，这种胡思乱想纯粹是在浪费时间。"所以当别人询问她过得怎么样时，桑德琳娜总是很坚定地回答："谢谢，我很好，我的孩子们都很乖。"她经常对自己说："我很棒，我没问题的。我不会放任自己，也没什么负面情绪。"然而，在内心深处，她常常感到不知所措和沮丧，因而心力交瘁。实际上，她需要帮助。这种逃避的态度使她无法了解到自己的心理发生了什么变化，无法通过倾诉获得周围人的建议。这些交流也许能让她看清楚，并且去思考她在与孩子的关系中真正想要的是什么。可是她"讨厌"那些一直抱怨的女人，"我不会抱怨的，我拥有能够幸福生活的一切理由"。

在人际关系中，共情很罕见

尽管共情是人际交往中的基本态度，但在现实生活中，这种共情的态度却经常缺失，在我们对待与我们有亲密关系的人时表现得尤为明显。面对陌生人时，我们常常出于礼貌而尊重他们。然而，在面对亲近的人时，我们却常常毫无顾忌地说出那些粗暴的话。我们会对孩子说，"你真没用""废物"……当我们面对邻居或同事时，却不敢说出这样的话。

第 2 章
融合爱与沟通技巧的共情养育

> **养育的洞察**
> Pour une enfance heureuse

卡尔·罗杰斯（Carl Rogers）的学生、人本主义心理学家马歇尔·卢森堡（Marshall Rosenberg）博士，创立了非暴力沟通（CNV）理论。在他主持的父母培训课中，他通常会将父母分为两组，让他们在不同的房间中写下一段与他人发生冲突时的对话，其中一组的冲突对象是孩子（儿童组），而另一组的冲突对象是成年人（邻居组）。两组人都认为自己在解决相同的冲突，但卢森堡博士发现，儿童组的家长在对话中表现出的尊重和共情远远少于邻居组。参与者们悲哀地发现，仅仅因为对方是个孩子，他们就会很容易以不近人情的方式对待他（她）。

共情沟通是能够习得的

共情沟通是一种能够通过学习来掌握的技能，这听起来可能有些出人意料。只是，要想学会共情并不容易，因为只有身处具有共情关系的环境中时，我们才有机会"学习"如何共情，而大多数人在童年时并没有真正被共情，原因是家庭教育和学校教育更强调比赛和竞争，并不注重共情能力的培养。

因此，这些人成年后也很难与其他人（包括伴侣和孩子）建立起共情关系，因为这与他们以往的生活方式和思维方式背道而驰。如何打破这种困境呢？卢森堡博士一直致力于解决这个问题。

Pour une enfance heureuse
非暴力养育

共情沟通是一种自我意识和自我认识的觉醒。它不是要求我们无条件地"示好",而是要学会表达并尝试理解我们当下的情绪和情感,例如愤怒、担忧、失望、悲伤、嫉妒或喜悦。与我们平日所使用的语言不同,这种沟通所使用的语言对他人没有任何指责和攻击性。当事人表达自己的感受,然后提出自己的期望。他们明确地表达自己,但不会攻击他人。

努力表达自己的情绪和感受,意识到它们是我们内心世界不可或缺的一部分,造成我们当下感受的主要原因并不在他人,而在于我们自身。这有助于我们相互理解,打开共情的大门,从根本上改变我们与自己、与他人的关系,让我们不再苛责他人,鼓励我们更好地认识自己。共情唤醒了我们的意识和责任感,让我们为自己的感受、意愿和行为负责。

对他人评判通常是我们对自身没有实现愿望的一种曲折的表达。评判和"贴标签"阻碍了沟通,会让他人感觉被批评,因此引发他们的抵抗和防御反应。相反,不加评判的态度可以营造出一种开放的氛围,是一种明智的做法。

在共情关系中,双方都需要花时间来表达自己,同时专注地倾听对方,不加任何评判和批评。倾听的一方在理解他人的过程中,通过他人的经验来丰富自己;倾诉的一方则在被倾听和被理解的过程中获得慰藉。双方的关系由此变得更加深入、包容,并得到更多的滋养。

第 2 章
融合爱与沟通技巧的共情养育

Pour une enfance heureuse　　　　　　　　经典案例

6 岁的路易丝告诉妈妈:"我受够了,你从来不听我说话。"她希望妈妈能真正倾听她,多和她交流,建立更亲密的母女关系。但妈妈却将这句话当成抱怨,只会反驳她,并没有理解她的真实想法。

如果妈妈能够与女儿共情,理解女儿的感受并试图倾听她,她就能更好地了解女儿的需求。妈妈可以说:"我听出了你的不开心,你想要我听你说话吗?晚饭后我们俩花些时间聊聊,好吗?"

Pour une enfance heureuse　　　　　　　　经典案例

爸爸对 2 岁的卢卡斯说:"你怎么回事!马上把小汽车还给马克斯,这不是你的东西。"他只顾着指责孩子,没有试着了解孩子行为背后的想法。卢卡斯生气地尖叫并把小汽车塞进了自己的口袋,拒绝归还。这件事让父子关系变得疏远。

如果爸爸试着去理解孩子,而不是一味地责备他,就可以这样说:"我知道你很喜欢小汽车,那我们回家试试做个带轮子的玩具吧!"卢卡斯的眼睛亮了起来,然后把小汽车还给了马克斯,拉着爸爸的手回家了。他感受到了父亲的理解和信任。

Pour une enfance heureuse
非暴力养育

Pour une enfance heureuse　　　　　　　　　经典案例

　　一位幼儿园大班的老师抱怨说:"你们总是把东西乱丢乱放,把教室弄得乱七八糟,我真的受够了。我再也不想花时间替你们收拾了,现在快点自己去整理!"

　　这位老师希望孩子们分担整理教室的任务,但她的抱怨、指责和命令并不能促使孩子们去帮她。如果她能够换个方式,与孩子们共情:"这里太乱了,老师真的太累了!我不想一个人整理教室,你们能帮帮我吗?"如此一来,大部分孩子都能理解老师的感受并乐意去帮忙。

　　在上述3个例子中,成年人一开始的说话方式都是习惯性地抱怨或指责,这往往会导致对方的自我封闭或情绪爆发,使得双方关系更加僵化。

　　与之相反,第二种交流方式则完全不同。它以自我共情为起点,说话人先表达自己的感受,然后提出与这种感受相关的意愿。这种沟通方式不会让对方感到被指责,会让对方更愿意倾听。或者说话人没有表达自己的感受,而是直接表达对对方感受的理解,然后提出意愿,这同样不会让对方感受到任何指责。

　　改变我们的沟通方式可以大大提升人际关系的质量,使我们的交流更加清晰和平和。通过这种方式,我们还可以改变自己对已有事物的认识,从根本上改变它对我们自身和他人情绪的影响。共情能力取决于一

第 2 章
融合爱与沟通技巧的共情养育

个人身处的教育与文化环境，因此即使已成年也可以习得。

人际关系中的错觉引发大量误解

错觉和错误的信念在人际关系中很常见，我们常常以为"见面"就等同于"认识"，但实际上这种关系往往只停留在表面。我们可能因为不想去认识对方，或者对话题缺乏兴趣，甚至出于对对方的畏惧而疏于倾听或者打断对方，导致对方感到不被理解。

Pour une
enfance heureuse   经典案例

萨沙，6 岁。他的爸爸说："萨沙不喜欢音乐，也不想去上音乐课。但是，新学期开学后他又坚持要玩乐器！他根本不知道自己想做什么，对此，我很气恼。"
——"您没问问他在音乐课上都做了些什么，感觉如何吗？"
——"没有。"
萨沙的爸爸最终决定和儿子聊一聊关于音乐课的事情。在交谈中，萨沙终于有机会说出自己的想法，他害怕原来那个经常大吼大叫、爱抱怨还吓唬人的音乐老师，因此不想再上她的课。虽然萨沙原本喜欢学音乐，但是那位老师让他感到很不舒服，让他对上课产生了抵触情绪。

我们常常会有一种错觉，认为我们不需要详细说明自己，对方也

Pour une enfance heureuse
非暴力养育

能够猜到或者知道我们的个性、感受和期望。这种错觉造成了许多误解。

> Pour une enfance heureuse　　　　　经典案例
>
> 　　罗拉 4 岁，雷诺 3 岁，露丝 3 个月大。他们的妈妈说："我感到非常疲惫，不想再这样下去了。虽然和孩子们在一起，但我却感到孤单无助，总是不确定自己对孩子们做出的决定是否正确。因此，我来寻求您的帮助。"
> 　　——"您和伴侣讨论过您希望两个人共同教育孩子的意愿吗？"
> 　　——"我从未向他提出过任何关于养育方面的要求。他每天晚上都要工作到 9 点，回到家后就一直坐在电脑前处理邮件。周末他只想休息。我当然希望他能给我一些建议，只是从未主动向他提出过。"

这位母亲认为她不需要向伴侣做过多的解释，对方就能够理解她的想法和需求。她一直在等待他的理解和回应，同时在心里埋怨对方："他应该知道我的感受。"慢慢地，她的不解和不满开始累积，两人的关系也变得越来越糟糕。如果她能够以平和的心态和伴侣沟通，让他了解自己的想法和需求，也许这些误解就可以解除了。

这种"不用过多解释，对方就能理解自己"的想法往往会导致误解的产生。如果我们不花时间关注自己的情感生活和深层需求，我们对自己的认知就会变得模糊，表达需求时也会变得混乱不清。

第 2 章
融合爱与沟通技巧的共情养育

为了向他人清楚表达自己的想法和需求，我们需要花时间了解自己内心深处的感受和需求，保持自我共情的状态。只有当我们完成了自我认知，我们才能更清晰地表达自我，让他人更容易理解我们。这会使得人际关系变得更为清晰、全面和令人满意。

孩子天生具备且擅长共情

孩子从出生起就迫切地想要与他人建立关系，并且具备建立这种关系的能力。即使还不会说话的孩子，也能通过表情、手势、眼神、微笑、哭泣等各种动作和声音来表达自我。当然，孩子也需要成年人理解他们，如果成年人能够花时间与他们在一起，就可以凭借直觉来解读他们的行为，了解他们想要什么。这种直觉不仅仅局限于女性，与孩子长期相处的男性也可以很快理解他们的孩子。

加拿大心理学家凯莉·哈姆林（Keily Hamlin）指出，孩子从 6 个月大开始，就会被热情友好的人吸引，并且回避那些不友好的人，表现出很强的社交性。到了 1 岁时，孩子就能明白什么是利他行为，14 个月左右时，他们就会安慰处于忧伤中的人。马普所的心理学家马可·施密特（Marco Schmidt）指出，孩子在 15 个月大时就已经有了公平意识。

新泽西大学教授、儿童发展心理学家迈克尔·刘易斯（Michael Lewis）认为，孩子的自我意识在他们 15 个月大时开始出现，并在 2 岁时得到进一步的发展。孩子可以感受到一些与自我有关的情感，如窘迫、嫉妒和认知共情。当孩子具备与他人进行换位思考的能力时，就会产生认知共情。这些情感的产生都需要自我反思，认知共情就是一种思考自我，思考如何与他人互动时表现出的一种能力。然而，这些刚刚萌发的情感还不足以让孩子明白身边的成年人为他们设定的各种规则。

关于认知共情能力的形成年龄存在争议，一些人认为孩子在2岁半到4岁之间才会拥有这种能力。但是，大多数研究人员认为，孩子在15个月甚至8～10个月大时就已经开始具备认知共情能力。

当孩子3岁时，他们开始慢慢融入自己生活的社会规则中，有了一系列新的情感体验，如内疚、羞耻、自豪和骄傲。社会和文化生活规则的同化是孩子社会化进程中不可或缺的部分。

孩子需要很长时间才能用语言准确地表达情绪，但如果成年人能提供温柔的支持，孩子就能逐渐感知和辨别自己的感受，并用语言准确地表达出来。成年人可以针对孩子的某种情绪给出一些反馈，并让孩子确认这些反馈是不是他们当下的感受，从而帮助孩子识别自己的情绪，感受自己的内心并将其分享出来。随着孩子的成长，他们能更准确地用语言表达情绪，成年人可以听到孩子描述其丰富且汹涌的内心世界，从而更容易理解他们。无论孩子处在什么年龄阶段，表达让他们感动和让我们感动的东西都是一个重要的深层需求。如果孩子无法表达自己，没有交流和倾听，他们的情感世界就会变得暗淡甚至破碎，开始出现忧虑、怀疑等情绪，甚至表现出生活障碍。对自己情绪反应的认识不足和缺乏共情是许多精神疾病，如孤独症和精神障碍的重要原因之一。

第 2 章
融合爱与沟通技巧的共情养育

当孩子没有被倾听和尊重时

成年人缺乏对孩子的共情和情感交流所导致的问题会以不同的形式呈现出来。孩子可能会变得自我封闭，某些方面"停滞不前"，或者变得愤怒并具有攻击性，还可能在屈服和反抗之间摇摆不定。

有时候，父母会向心理医生、精神科医生或者儿科医生咨询，表达对孩子行为的担忧。他们可能会说，"我的孩子有'问题'，喜欢攻击同伴，爱发脾气、挑衅，不懂得尊重他人，也不肯好好学习、睡觉和吃饭"等。

显然，将这些问题仅仅归咎于孩子本身比将问题归咎于亲子关系要容易得多。实际上，许多孩子所面临的问题源于成年人对他们缺乏共情与情感交流。成年人无法与孩子建立情感联系会破坏亲子关系，进而导致孩子出现这些负面行为。

这并不是在单方面指责父母，而是要让他们认识到，孩子出现问题时，成年人在特定情况下所采取的态度和对亲子关系的处理可能不恰当，需要改进交流的方式。

因此，成年人需要自己找到一种心平气和的方式与孩子沟通，这是家庭教育中的一个重要事项，不能让孩子独自承担。当成年人调整了他们的态度、尊重和倾听孩子、与孩子建立共情关系时，孩子的问题常常会神奇地消失。

Pour une enfance heureuse
非暴力养育

共情是儿童大脑发育的加速器

成年人与孩子的关系是不对等的,因为成年人拥有更多的能力和资源。然而,这并不意味着成年人可以随意支配、操纵、恐吓、压制或虐待孩子。

虐待和暴力教育对孩子的大脑功能发育会带来非常负面的影响。我们知道,大脑是一种"可塑性"器官,这意味着它可以生长出新的神经连接,或抑制无用的神经回路。这个过程会贯穿人的一生,称为大脑的可塑性。这一重要发现从根本上改变了我们对人类进化和适应能力的认识。

儿童大脑的可塑性比成年人高得多。这种可塑性是一把双刃剑,因为它既可以促进儿童正向积极的发展,也可能产生完全相反的影响。孩子从其所处的环境和氛围,包括家里、户外、各种接待场所和学校中获得的所有人际关系经验,都会持久并深刻地影响他们的大脑,对他们的大脑发育、认知和社交能力的发展起着重要作用。

即使孩子生活在恶劣环境中,他们的大脑仍然可以正向发展,前提是他们没有频繁地获取有害经验,并且这些有害经验持续的时间不能太久。

养育的洞察
Pour une enfance heureuse

亚利桑那大学教育科学学者南希·艾森伯格(Nancy

Eisenberg）研究发现，当儿童获得更多共情经验时，他们将更善于交际，且更少表现出攻击性和反社会行为。

情感神经学学者认为，我们的人际关系经验会在大脑中留下生理性印记，这些印记深刻地改变着我们的人生。人类是由身体、情感和智力三方面相互作用而形成的完整个体，我们所经历的一切都会在我们的身体中留下印迹，这些印迹会转化为情绪、情感、思想和行动。

权威养育可能会作茧自缚

养育孩子是一门艺术，没有固定的方法论可循。那么如何选择适合孩子的教育方式呢？有人认为只要做好父母该做的就好了，但实际上，当他们成为父母后，才会意识到这并不是一件容易的事情。孩子需要得到足够的重视和尊重，以及适当的约束和引导。然而，作为主导的成年人，由于相对缺乏养育经验和知识，这种关系往往是不平等的。情感神经学领域的研究告诉我们，孩子的成长发育受多种因素影响，根据年龄和大脑发育程度，他们有些事情做得到，有些则做不到。同时，孩子所经历的情感关系会对大脑产生重要影响。因此，采用威胁、语言或肢体暴力等手段的教育方式不仅效果不佳，还可能对孩子的大脑发育造成负面影响。

大脑的发育需要平和的关系

建立尊重、共情和关爱的"理想"关系似乎是一个很难实现的目标。

Pour une enfance heureuse
非暴力养育

然而，这却是最有利于孩子大脑发育成熟的关键条件。这一挑战使我们意识到成年人对儿童的巨大责任。我们的行为方式能直接影响孩子的大脑发育，进而影响他们现在和未来的生活。幸运的是，由于孩子大脑的可塑性很强，任何错误的影响只要不持续太久，都可以得到纠正。回忆自己儿时与成年人相处的时光，回味当时自己真正期望的生活，这段小小的童年回忆之旅有助于我们更清晰地认识孩子，并以更恰当的方式对待他们。在教育孩子的过程中，犯错是常态，成年人需要承认错误并向孩子道歉。这能让孩子学会人际交往中的智慧，从成年人的反思和改正中学到很多。他们也能明白固执己见会导致思维固化，不利于思考。我们可以找到恰当的方式向孩子清晰地解释："我反复思考后决定不再以这种方式对待你了，我会……"孩子能很好地理解这样的话。

我们首先要传达给孩子的是"我们是谁，我们如何为人处事"。

孩子一直在学习，通过学习来探索世界。当他们感到愉悦时，他们渴望了解和学习周围的世界，通过观察和模仿成年人的行为来学习。孩子就像一块海绵，吸收着他们所观察到的一切。

孩子观察我们，我们是他们的榜样。如果孩子身边的成年人或父母能够尊重他人、擅于共情、有爱心、公正，对生活充满好奇、热情、善解人意并且关爱他人，孩子会模仿他们，并成为同样的人。

很多父母因为孩子的问题来咨询，却没有意识到孩子是在模仿他们。事实上，当成年人严苛地对待孩子或者过度干涉孩子，用大喊大叫替代

第 2 章
融合爱与沟通技巧的共情养育

倾听，发号施令，指责、威胁，打骂或矛盾地对待孩子时，孩子会养成同样的行为习惯。如果孩子一直没有得到认可，就会一直寻求认可，他们会思考："我在父母眼里是什么样子的？为什么他们会这样对我？他们有没有考虑过我的感受？他们爱我吗？"久而久之，这些思考会衍生出爱挑衅、好斗、暴躁的"小霸王"或"小皇帝"，或者懦弱胆小，甚至自虐的孩子。

父母用粗暴的方式教育孩子要有礼貌，这会让孩子感到困惑。孩子无法理解为什么父母的行为与他们自己的要求完全相反。而父母又对孩子的行为感到意外，不理解他们为什么会这样。

Pour une enfance heureuse 　经典案例

　　雷诺今年 4 岁，他的妈妈向我诉说了她对儿子的困惑："我真的无法理解他，有时他会莫名其妙地大喊大叫，甚至对我发号施令，说我是坏人。他的脾气非常暴躁，导致他在学校和同学相处得不好。尽管我不停地对他讲要规矩一些，讲话要有礼貌，不要大喊大叫，不能打人，但我感觉他听不进去，就像聋了一样。"我问她，他们的家庭氛围如何，她回答："确实，我们常常对他大吼大叫，有时还会惩罚他，甚至打他。我们认为这样做是应该的，因为他做错了事情。"雷诺自己也感到困惑，他模仿妈妈的行为，但老师和妈妈却告诉他不可以大喊大叫或打人。为什么大人们这样做是正常的，可他这样做就是错的呢？他不知道应该怎么做。

Pour une enfance heureuse
非暴力养育

许多成年人需要花很长的时间才能意识到他们的态度在孩子成长过程中扮演着至关重要的角色。如果周围的成年人对他人缺乏尊重，且言行不一致，这将会影响孩子的情感认知和社交属性的发展。

大多数成年人并不尊重孩子

在当前社会中，媒体上反响最大、最普遍的观点是，孩子是"小皇帝"或"小霸王"。然而，这种观点掩盖了一个被否认或忽视的现实：大多数成年人并不尊重孩子。

大部分家长仍在通过强硬手段来教育孩子，如威胁、责骂、大声呵斥，甚至打耳光等。如果伴侣或同事以同样的手段对待他们，他们就会觉得无法忍受。这种行为并不妨碍大多数父母爱孩子，他们在谈论自己的孩子时会说："他（她）是我所拥有的最珍贵的宝贝，我爱我的孩子，胜过一切。"因此，我们就可以一边爱孩子，一边伤害他们，肆无忌惮地控制他们吗？明确这种自相矛盾的态度非常有意义。

索福瑞调查公司做过一项调查：84%的受访者表示曾打过自己的孩子，其中33%的受访者偶尔打孩子，51%的受访者经常打孩子；只有16%的受访者表示从未打过孩子。

大多数情况下，成年人做出这样的行为是出于惯性，他们没有真正考虑过这样做的后果，只是在重复着自己小时候的经历。尽管这些家长在小时候也因此尝过不少苦头，但很多人并未将其视为一个需要被批判

第 2 章
融合爱与沟通技巧的共情养育

的教育问题。相反，他们还会为父母当时对自己的态度进行辩护，认为那是"对的"。他们认为，只有采取强硬手段才能教育好孩子。

另一些家长则是出于无奈，被迫使用强硬手段。他们不知道该怎么做，有时出于愤怒而对孩子进行训斥，以期望孩子听话。这些父母通常都很焦虑，希望自己的孩子能够得到更好的教育。

还有一些更为焦虑的父母，他们承认在发脾气时会拿孩子撒气，这能让他们感觉舒服一些。

这些家长通常都有一个共同点，即他们在童年时也被这样对待过。然而，他们中的很多人要么对此矢口否认，要么为此寻找借口。他们不愿直面自己曾经在父母那里遭受的悲伤、恐惧和愤怒情绪，因为这太令人难过了。他们自身被尊重、被安慰、被保护和被理解的需求从来没有得到满足过，因此他们无意识地在自己的孩子身上复制了这种态度。孩子因此成了父母发泄情绪的替罪羊，而父母则认为他们有权利这样做。

这些行为在每个国家都有其深刻的文化、历史或宗教根源。在一些古老的信仰中，孩子被看作有野性的动物，因此父母需要驯服他们。当前，这些潜移默化的因素在对孩子的认识及养育中仍扮演了重要角色。祖先的范式像锁链一样束缚着父母，正如欧利维·莫瑞（Oliver Maurel）在他的著作《是的，人性本善》（*Oui, la nature humaine est bonne*）一书中所写到的那样。

Pour une enfance heureuse
非暴力养育

父母无须自己扛起所有

养育孩子是一项沉重的责任,对一些父母来说,这种压力难以承受。当孩子需要照顾时,接受他人的帮助并不意味着父母无能,相反,这有助于缓解紧张的关系,并克服与孩子一起生活时的突发状况。

当成年人无法建立相互尊重的关系时,孩子就会受到影响。他们可能不会产生真正的心理问题,但与父母的关系不佳会让孩子感到屈辱和愤怒。父母需要改变态度,必要时寻求帮助和支持。如果在身边已经有人提供帮助的情况下,父母和孩子的关系还在持续恶化,那么可以向相关机构和专业人士(如医生或心理医生)寻求帮助。当孩子的处境很糟糕时,有必要让他们暂时远离这种有害的关系。孩子在身体或精神上遭受的伤害,会对他们的情感和社交能力的发展造成非常严重的影响,对他们的大脑发育也会产生不可逆的影响。

在儿童教育问题上,父母是处于第一线的,但儿童在社会中的经历、所见所闻也会对他们产生影响。他们身处的整个环境都会对他们产生影响,如朋友、其他家庭成员、幼儿园和学校中的成年人、邻居,另外还有电子产品、电子游戏、电视、广播、书籍、报纸,等等。最理想的状态是,整个社会都能意识到儿童是脆弱的、易受伤害的,支持、保护和关心儿童对他们的成长至关重要。

如果成年人能以更开放、更包容和为孩子着想的态度看待问题,孩子会变得更好,从而间接促进整个社会的发展。

POUR UNE ENFANCE HEUREUSE

第 **3** 章

儿童的大脑发育
和情感发展

> 一个完全独立的大脑是不存在的，大脑在我们与他人的互动中自我构建。得益于照顾者的照料与关爱，我们的大脑才能以令人满意的方式不断生长发育。
>
> ——［美］路易斯·科佐利诺（Louis Cozolino）

三位一体的大脑

人类大脑由三个部分组成，包含着各种不同的结构，并通过复杂的神经回路网络相互连接（见图 3-1）。

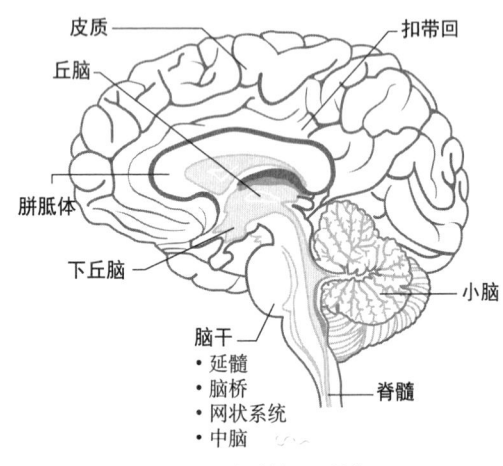

图 3-1 大脑的不同结构

（标注：皮质、扣带回、丘脑、胼胝体、下丘脑、脑干·延髓·脑桥·网状系统·中脑、小脑、脊髓）

本能脑

本能脑也称为"爬行动物脑"，是人类大脑中最古老的部分。它最早出现在 5 亿年前的鱼类中，随后出现在两栖类动物和爬行类动物中。本能脑包括脑干和小脑，主要控制与基本生理功能相关的初级机能，如呼吸、心率、血压、睡眠、平衡等。此外，本能脑在面临危险时还会启动我们的逃生本能，让我们产生攻击或逃跑反应。

这部分大脑结构在人类大脑中相当活跃。

情绪脑

情绪脑即边缘系统（见图 3-2），最早出现在 1.5 亿年前的哺乳动物身上。它由多个紧密相连的结构组成，包括杏仁核、海马旁回、下丘脑、扣带回皮质、透明隔等。

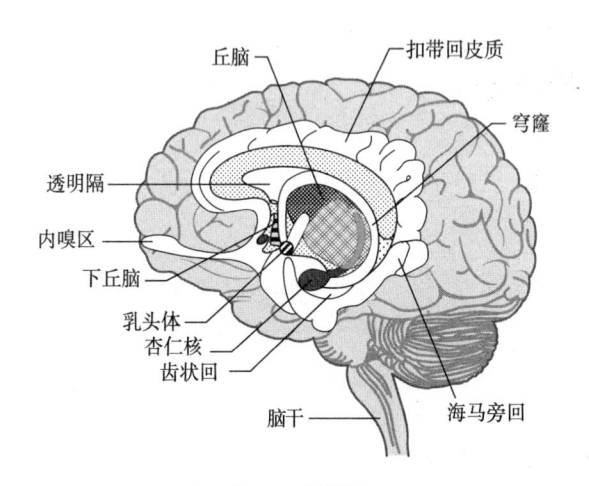

图 3-2　情绪脑

情绪脑能让我们感受到愉快或不愉快，以及其他各种各样的情绪。这些情绪因为新皮质的调节功能，免于失控。同时，情绪脑还协助控制由本能脑启动的原始生存本能，如攻击或逃跑行为。

此外，情绪脑还参与嗅觉、学习和记忆等功能。

新皮质

新皮质也称为"高级脑"，出现200万至300万年前的灵长类动物身上。新皮质占据了人类大脑容量的85%，覆盖着本能脑和情绪脑，并分为额叶、顶叶、颞叶和枕叶4个部分。新皮质参与了许多高级认知活动，如意识、语言、学习能力、感官知觉、自主运动，以及空间定位等。额叶在人类大脑中得到了显著的扩展，是思考、推理、创造、想象、解决问题、规划、自我意识和共情等能力的源头。

童年期的大脑

大脑的发育始于胎儿期。母体受孕后6~8周，胚胎的大脑半球开始形成；第7周左右，神经开始与肌肉相连，胚胎开始出现自主运动；第8周结束时，脑部的主要组织形成。接下来的6个月，这些组织将不断生长发育。

儿童出生后的最初几年，新皮质仍处于形成阶段，本能脑和情绪脑

第 3 章
儿童的大脑发育和情感发展

占据主导地位。1 岁时，他们的新皮质仍非常不成熟。在哺乳期幼儿的大脑中，新皮质中被称为"突触"的神经连接数量十分有限。

大脑中的很大一部分组织是在儿童出生后的前 5 年形成的，但成熟过程将一直延续到青春期后期甚至更晚的时间。前额叶的一些重要部分，特别是眶额区和前额叶背外侧，要到 30 岁左右才会发育成熟。

童年时期，参与情感和社会生活的大脑区域会不断发育，这对儿童的情绪和社交能力的发展至关重要。

数以千亿计的神经细胞

人脑是宇宙中最复杂的有机体之一，包含数以千亿计的神经细胞和数以百万亿计的突触。大脑中存在两种主要的神经细胞，即神经元（见图 3-3）和神经胶质细胞。神经元是大脑中最为活跃的细胞，由细胞体和突起组成，突起分为树突和轴突。神经元通过一个被称为"突触"的结构相互沟通，这个结构由释放神经递质的突触前和接收神经递质的突触后组成。神经递质是一种化学分子，通过突触在神经元间传递信息（见图 3-4）。

神经元细胞体对应着灰质，而白质则包含神经纤维和轴突。轴突由髓鞘包裹，使信息沿神经纤维传导的速度更快。神经递质有很多种，包括血清素、多巴胺、乙酰胆碱等。

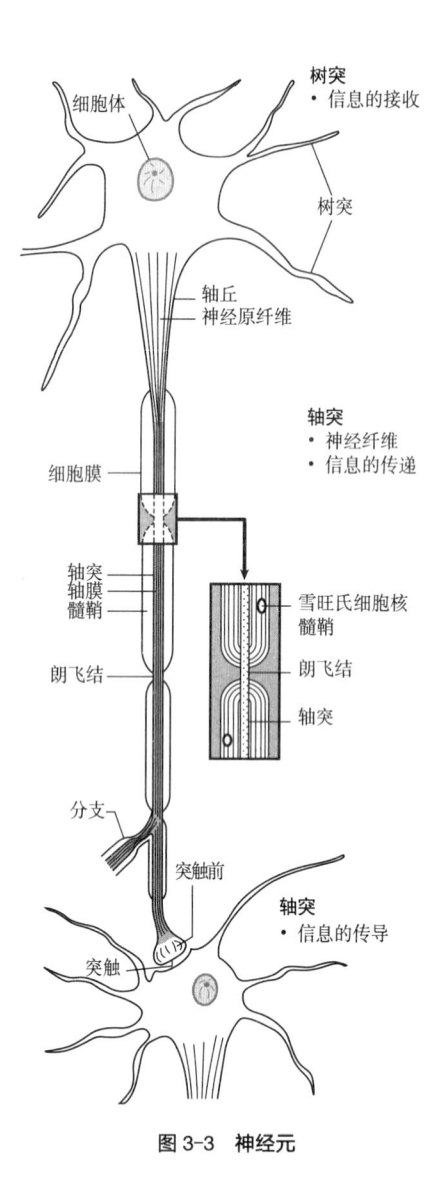

Pour une enfance heureuse
非暴力养育

图 3-3 神经元

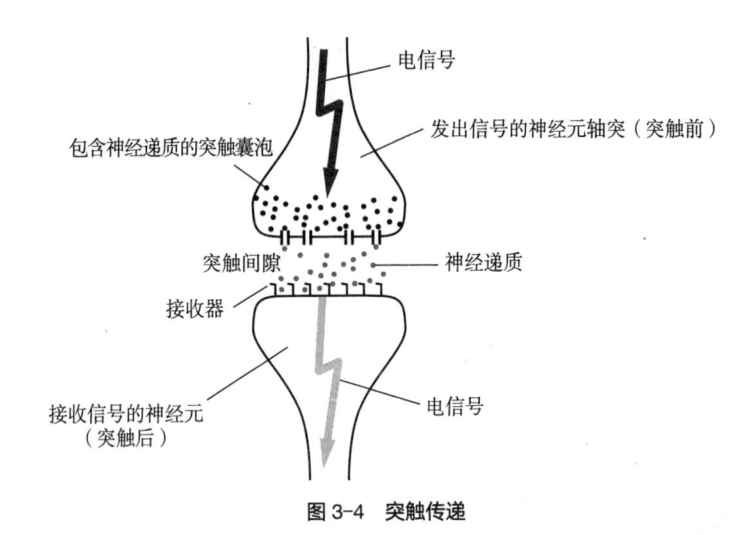

第 3 章
儿童的大脑发育和情感发展

图 3-4 突触传递

大脑中除了神经元，还包括胶质细胞，它们是大脑中数量最多的细胞类型。胶质细胞有以下几种类型：

- 星状胶质细胞为神经元提供能量和葡萄糖，同时还可以帮助神经元代谢废物；
- 小胶质细胞保护大脑免受外来细胞的入侵；
- 少突胶质细胞主要组成了包裹神经纤维的髓鞘，加快信息传导的速度。

大脑细胞的发育

胚胎的神经元在母体受孕后的 6～18 周之间产生。它们在形成后会向它们的目标位置迁移，并建立起神经元之间的连接。这一过程决定了大脑皮质的发育。同时，星状胶质细胞和少突胶质细胞的前体也会在儿童出生后的最初几年完成增殖、迁移和分化，神经元的树突和连接将不断增加。

髓鞘化

髓鞘就像套筒一样包裹着神经细胞的轴突。髓鞘提供的绝缘，使得神经冲动的传导速度提高，从约每秒 1 米增加到每秒 100 米。这种传导速度的提高相当惊人。髓鞘的形成过程贯穿了整个童年期，直到青春期结束。这个过程始于感觉运动皮质，结束于大脑中最复杂的区域——眶额区。这种提高信息传导速度的功能增强了人的认知能力，尤其是记忆、阅读和语言能力。

神经回路

孩子出生后，突触就开始以惊人的速度形成。随着孩子感受到情感关系、学习和各种体验，数以百万计的神经连接建立、解体、重新组合。这个过程极大地影响了突触的数量和形成效率。一旦某个连接变得无用，它就会被更有用、更高效的连接所取代，这个过程被称为"神经元修剪"。

孩子两岁时，突触的密度是成年人的 2 倍，直到青春期前期才会恢复到与成年人相同的水平。每个中等大小的神经元可以接受约 10 000 个连接。在童年期和青春期，大脑会失去一半的突触，只有使用过的神经回路才得以保留，其他的则被淘汰。突触这种密集的形成和连接可以

第 3 章
儿童的大脑发育和情感发展

解释为什么任何可能改变这些神经回路形成的现象或事件都会对孩子的现在和未来生活产生重大影响。

青春期的大脑

颞叶和额叶是大脑中最复杂,也是最晚成熟的区域,是认知过程和情绪调节的基础。这两个区域是青春期突触活跃度最高的区域,其活跃值在 16～17 岁时达到顶峰。

前额叶皮质在此时变得更加高效,它是记忆力和判断力等能力的基础。成熟的前额叶会使人们在抽象思维、推理演绎和对新概念的运用上有更大的发展空间。此外,前额叶还能有效控制情绪反应,让人们能够冷静思考和分析当前情况而非冲动应对。最终,大脑整合过程的最后一环是在前额叶眼眶上方的眶额区完成,这个区域和其他区域一起,调节着人的社会行为和情绪。

自然与文化

当某种体验反复发生时,神经连接和回路会在 5～6 个月内不断加强,变得更加牢固,留下更深刻的印记。童年时期的经历会经常重现,在大脑中留下的印迹会越来越深,并对成年后的生活产生重要影响。

大脑的发育遵循遗传规律,但也受到环境因素的影响。孩子在母体

Pour une enfance heureuse
非暴力养育

子宫内时和出生后的最初两年，大脑对压力和环境影响特别敏感，包括身边的情感氛围、社会经济和文化条件等。同时，它也对营养因素、有毒物质和污染非常敏感。

> **养育的洞察**
> Pour une enfance heureuse
>
> 孩子的体验对大脑的发育具有深远的影响。纽约市哥伦比亚大学的詹姆斯·凯利（James Curley）发表的一篇文章指出，社会环境和情感环境直接作用于大脑，影响某些基因的表达、神经元的发育、髓鞘化、神经突触的形成，以及神经回路的建立。此外，这些环境因素还会影响一些重要大脑结构的运行，例如，大脑中某些分子（如血清素、多巴胺、γ-氨基丁酸、催产素等）的分泌，以及压力调节轴（下丘脑垂体-肾上腺轴）的神经内分泌功能。

神经细胞的发育、迁移、分化在母体子宫内就已开始，但主要部分在孩子出生后进行。实验表明，在这些重要的阶段中，大脑都对环境非常敏感。在动物实验中研究发现，让小鼠在一个有母亲和同伴的环境中和被隔离的环境中生活，它们的大脑发育有明显不同。在有同伴互动、配备了各种玩具，如球、管道或梯子，并且能吃到新鲜食物等条件下生活的小鼠的大脑发育得更好，神经元中树突的分支更多，形成的突触也更多。

迈克尔·米尼（Michael Meaney）是蒙特利尔麦吉尔大学的研究员，致力于应激反应、母性养育及基因表达等方面的研究。他曾指出在孩子

第 3 章
儿童的大脑发育和情感发展

出生后的最初几天,母亲的照料对孩子的神经系统、认知功能、情感功能的发育以及神经内分泌对压力的反应都有很大帮助。

弗朗西斯·尚帕涅(Frances Champagne)和一些荷兰研究者发现,那些得到母鼠良好照顾的幼鼠,即经常被舔舐和抚摸的幼鼠,其海马旁回区的神经元更加发达,树突茂盛,突触密集。而那些很少得到母鼠照料的幼鼠则与之相反。

研究发现,生活经历同样会影响髓鞘化的过程。在猴子身上,处于丰富刺激环境下的大脑胼胝体髓鞘化程度提升明显。然而,在成年鼠身上并未发现这种影响。这一点特别值得强调,因为这表明,大脑在年轻时期处于一个"关键"阶段,它的生长发育对环境的影响特别敏感。

我们与外界的关系和经历会决定大脑中哪些神经回路和连接得以留存。学习、情感互动和社交对大脑神经结构和回路有着深远影响,同时也会影响某些基因的表达,尤其是在克服压力、情感体验和表达情感能力方面,对儿童社会行为方式产生决定性影响。

米尼指出,直系双亲的照料对某些基因的表达具有深远的影响,这一点在后文中还会提到。基因的表达能力不同,有些基因可能不会表达出来,而有些则会在某个特定时期表达出来,之后又会重新归于静默。

来自母亲的照料是至关重要的,与同伴的关系也非常重要。一项研究表明,在单独喂养的幼鼠、与母鼠一起喂养的幼鼠以及与其他小鼠一起喂

Pour une enfance heureuse
非暴力养育

养的幼鼠中,三者脑内的脑源性神经营养因子和催产素的分泌有所不同,这两种物质对幼鼠的社交会产生重要影响。与其他小鼠一起喂养的幼鼠大脑中这两种物质的受体数量明显增加。有两点需要注意:

- 首先,只要大脑还没有完全成熟,对情绪和情感的控制功能就不够完善,这也解释了为什么儿童很难控制自己的情绪和情感反应。
- 其次,儿童所经历的体验会对他们的大脑发育产生深远影响,甚至会影响到他们成年后的社交能力和心理-情感反应。

哈佛大学教授马丁·泰彻(Martin Teicher)领导的研究小组发现,儿童和青少年的大脑非常脆弱,如果这个时期遭受伤害,其大脑整体的发育就会受到影响,甚至会影响他们将来的认知能力和人际交往能力。

这些对儿童大脑发育和成熟的研究表明,幼儿在生理上还不具备应对各种情况和情绪的能力。孩子无法像成年人那样做出反应,并不是因为他们不知道或不想那样做,而是他们做不到,因为他们的大脑结构和功能还不够完善。因此,孩子通常会做出本能的反应——无法冷静观察和控制情绪。他们还没有完全理解发生的事情,就已经被自己的情绪所控制。这些情绪体验将成为他们神经突触连接和神经回路发育的基础。

了解和理解儿童大脑发育的过程非常重要。我们需要认识到,儿童最初几年的生活对他们情感、情绪、智力,以及人际关系的发展至关重要。因此,我们需要重新审视在家庭和学校教育中所遵循的标准。在人的一生中,幼年时期是大脑最脆弱、最容易受到伤害的时候。

POUR UNE
ENFANCE HEUREUSE

第 **4** 章

抓住儿童大脑
发育黄金期

情感关系在人类关注的事物中占据着突出的位置。即使当大脑处于休息状态时，与情感关系和社会交往相关的神经回路仍处于活跃状态。现在，借助越来越先进和复杂的影像技术，如功能性核磁共振成像、核磁共振弥散加权成像、正电子发射机断层显像等，研究人员可以更好地了解人类大脑在面对各种人际关系时的功能表现。

加利福尼亚佩珀代因大学的心理学教授路易斯·科佐利诺指出，人的整个大脑都参与了人际关系的运作，负责处理人际关系的神经回路在人的一生中都会不断发育。不过，在参与情绪、情感及社交的产生和控制的神经回路和大脑结构中，某些区域发挥了更重要的作用。我们主要关注以下几个结构：前额叶皮质、杏仁核、海马旁回、下丘脑、脑岛、伏隔核、小脑、两个脑半球及胼胝体。当然，还有许多其他结构。

前额叶皮质位于额叶前部，是新皮质的主要区域之一（见图 4-1），主要包括：

- 下额叶皮质，包括眶额叶皮质；

第 4 章
抓住儿童大脑发育黄金期

- 前扣带皮质；
- 腹外侧前额叶皮质；
- 腹内侧前额叶皮质；
- 背外侧前额叶皮质。

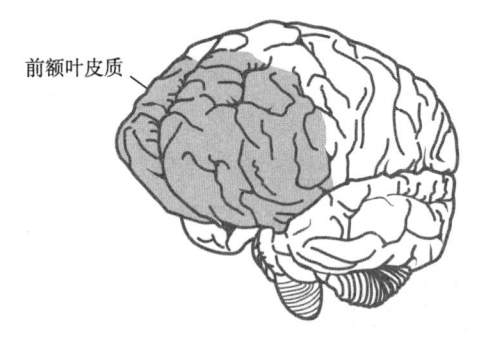

图 4-1 前额叶皮质

其中，背外侧前额叶皮质具体位置如下（见图 4-2）：

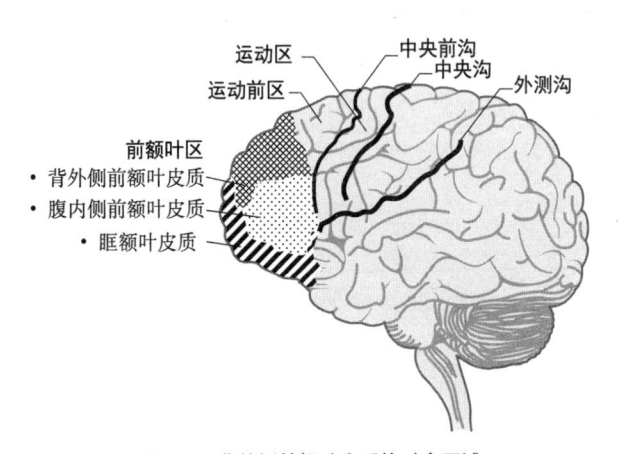

图 4-2 背外侧前额叶皮质的对应区域

051

前额叶皮质区与许多脑区相连，如躯体感觉区和皮质下区（包括情绪脑、丘脑、下丘脑和间脑）。众多的连接构成了前额叶的复杂性和丰富性。

通过对灵长类动物的研究发现，前额叶皮质区的体积与社会种群的规模成正比。由此可见，相较于其他灵长类动物，人类拥有更大的前额叶皮质区体积，这也表明了维持人类种群内统一社会关系所需的复杂机制。另外，前额叶皮质区是人类大脑中最晚成熟的部分之一，将一直发育到成年前期。

前额叶皮质区是大脑进行执行、决策和计划的中心区域，也是高级功能的控制中心，如语言、推理、工作记忆等。此外，前额叶皮质区也是我们控制情绪反应的主要区域，能够帮助我们克制原始的冲动。当面临复杂的情况和多种情绪交织时，前额叶皮质区能够帮助我们思考并避免做出冲动的行为。此外，味觉和嗅觉的中枢也位于这一脑区。

情绪和情感的区别

情绪和情感是涵盖整个感受范围的两个词，然而它们的区别有时并不那么清晰，不同的研究者给出了不同的定义。当我们面对某个事件时，我们会体验到各种感受，并做出相应的反应。

第 4 章
抓住儿童大脑发育黄金期

情绪是一种自发的反应，会突然迸发，让人猝不及防，持续时间通常很短，并且会伴随着明显的躯体或生理上的反应。恐惧、愤怒、厌恶、吃惊、愉快等情绪都会引起人生理上的反应，从而使我们能够识别这些情绪。

相比之下，情感更复杂，所有我们感受到的、体验到的东西都会影响我们的心境，并且通常是持久的。喜爱、怜悯、信任、失望等都是情感的体现。

当成年人被强烈的情绪所笼罩时

当成年人被愤怒、焦虑、恐惧、沮丧或嫉妒等情绪所笼罩时，他们可以控制自己，克制冲动，使自己不被情绪所支配。如果情况不是太严重，且前额叶皮质区运转正常，他们会尝试了解到底发生了什么，是什么引发了他们的情绪和情感。总之，他们能够从情绪中抽离，去审视整个事件。

前额叶皮质的作用在于调节我们强烈的情绪和冲动，让我们冷静地分析所遇到的情况，并做出正确的决定。它能让我们意识到我们的反应可能过于激烈，而我们所处的环境是完全可控的。这时，我们便可以重新审视刚刚发生的事情，让爆发的情绪或怒火逐渐平息。

当我们面对人际关系上的冲突时，我们可以通过重新评估来改变我们对所经历事情的看法。深思熟虑后的态度转变可以调节我们的情绪状态。

纽约西奈山医院的精神科教授哈罗德·柯尼斯伯格（Harold Koenisberg）描述了"重新评估"的过程。这一过程非常复杂，主要由前额叶皮质、前扣带皮质、杏仁核和脑岛参与。

这种重新评估的能力让我们能够重新审视引发特定情绪的情景。早在公元2世纪，罗马帝国的皇帝、哲学家马可·奥勒留（Marc Aurèle）就完美地描述过这种能力："痛苦并非来源于事件本身，而是源于我们对事件的感受，我们有能力随时改变这种感受。"

由此可见这部分大脑回路的重要性。当这种回路由于多种原因发育不成熟（如大脑发育障碍、脑损伤、神经或精神性疾病，以及童年时受到虐待的后遗症等）或功能失调时，人就没有能力从不同角度思考问题，会直接被冲突所带来的负面情绪所击垮。因此，这种重新评估的能力在我们的人际关系中十分重要。它能让我们重新审视自己的态度、看待他人的方式，以及在必要时改善处境。

经典案例

4岁的茱莉亚是个快乐的小女孩。她在游乐场里和她最好的朋友一起玩耍。她们俩开心地打闹、奔跑、跳跃，大笑着从滑梯上滑下来，玩得正起劲儿。茱莉亚的妈妈看了看手表，已经7点了，该

第 4 章
抓住儿童大脑发育黄金期

回家了。她喊道:"茉莉亚,快点,我们要回家了!"但茉莉亚似乎没有听到,还在开心地玩耍。她的妈妈又喊了一遍:"茉莉亚,我说要回家了,你听见没有?"茉莉亚还是没有理睬。妈妈有些生气地大吼:"茉莉亚,你聋了吗?快过来!"

这时,茉莉亚的妈妈从身后冲过来,粗暴地拉住她的胳膊,朝她大喊:"够了!受够了你的不听话!"茉莉亚生气地说:"你是坏人,我不喜欢你了。"她挣扎着踢打妈妈,结果挨了两巴掌,哭了起来。

这种情景不断地在她们生活中出现,让茉莉亚的妈妈倍感痛心,她不禁自责,也对女儿感到愤怒。她从未想过自己会对女儿如此粗暴,也不愿意这样做。她感到自己与女儿之间的关系日益恶化,女儿的脾气越来越坏。这令她心烦无比,心里常盘旋这样的念头:"看我等会儿不收拾你……"

有一天,她和一位朋友聊天,这位朋友是几个孩子的母亲。她们的交流让她意识到,她可以从另一个角度看待她和孩子的问题。当她想象自己是那个正在和朋友一起玩耍的 4 岁小女孩时,她开始意识到,一个小孩子不可能在听到妈妈的呼唤后就立刻停止玩耍。因此,她应该对女儿更温柔、更有耐心。她在上班的时候也不喜欢上司语气强硬地给她安排工作,还不停地被催促"快点"。想到这些,这位母亲开始重新审视自己和孩子相处的状态。

接下来,茉莉亚的妈妈决定改变处理方式,给女儿更多时间来平复玩耍的兴奋,并更亲切地与女儿交流。有一天晚上 7 点,在游乐场,她来到茉莉亚身边,心平气和地对她说:"茉莉亚,我知道你和小伙伴玩得非常开心,妈妈也想继续待在公园,但现在已经到了回家做晚饭的时间了。我们再玩 5 分钟,然后回家好吗?"茉莉亚撇了撇嘴说："哦，不，我不想回家，我还想玩。""我知道，亲爱的。等一会儿我跟你说时间到了，然后你和小伙伴说再见，下次再来好吗？""好的，妈妈。"最后，母女俩手牵手心情愉悦地回家了。

通过重新评估，茱莉亚的妈妈改变了一贯的专制态度，与女儿的关系也得到了改善。

前额叶皮质活动减弱引发的暴力倾向

有些成年人存在暴力倾向，情绪容易失控，会焦躁易怒，这些行为受本能脑和情绪脑本能的控制。

核磁共振成像显示，这些人的前额叶皮质活动非常微弱，与前额叶发育不成熟的儿童相似。由于他们的前额叶活跃度较低，他们无法有效地控制和调节自己强烈的情绪和冲动，所以难以保持冷静。前额叶皮质发育不良的原因有很多，其中之一是一些人在童年时期曾遭受过暴力。

> **养育的洞察**
> Pour une enfance heureuse
>
> 在前额叶，有两个脑区——眶额区和前扣带回，它们在我们的情感生活和人际关系中扮演着重要的角色。

第 4 章
抓住儿童大脑发育黄金期

眶额区是前额叶的一小块区域，位于前额部，眼眶上方（见图4-3）。

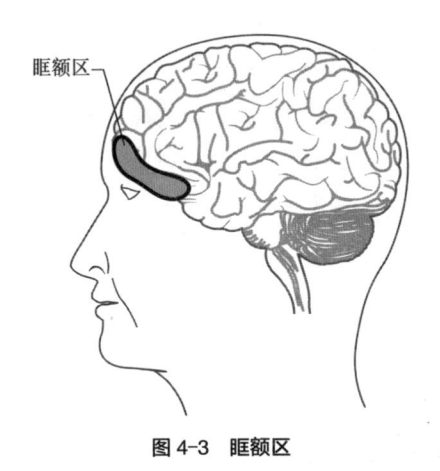

图 4-3 眶额区

眶额区是大脑中一个重要的区域，它与情绪中枢和其他主要结构相连，如负责思考的新皮质、负责预警的杏仁核以及负责调节基本生理行为的脑干。

同时，眶额区也与前扣带回相连，这两个区域在我们处理与自己和他人的关系中发挥重要作用。

另外，眶额区还与躯体感觉皮质相连，这个区域负责感知自己身体的感觉信息、运动信息和决策反应信息，与情绪脑密切相关。

眶额区还与颞叶相连，颞叶是感受他人意图和进行环境评估的主要功能区。眶额区还与负责注意力和记忆力的中枢相连。

Pour une enfance heureuse
非暴力养育

眶额区在情绪感知及共情能力中起决定性作用

眶额区是大脑中非常重要的结构，它在情绪感知、共情、情绪调节等方面发挥着至关重要的作用，同时也对我们的道德感、决策能力以及与他人相处能力的发展起着极为重要的作用。这部分皮质的大小与一个人的社交能力呈正相关。

当我们看到至亲的照片，回忆起爱和温柔时，眶额区就会被激活。该区域的活跃度与我们的感情强烈程度成正比。这个区域还让我们拥有共情能力、理解他人的情绪和情感、对他人产生同情。它可以判断一个人的语音、语调和身体气味，并对眼神等信号非常敏感，因为通过这些信号可以捕捉到他人的情绪状态。当两个人相互对视时，他们的眶额区"连接"在一起，从而读懂对方脸上的情绪，仿佛那是我们自己的情绪一样。眶额区还帮助我们判断自己是否喜欢面前这个人。它会立即告诉我们对此人的感受，以及对方对我们的感受，并向我们发送非语言信息，然后通过解码这些信息，我们就能够找到更为合适的应对之道。

眶额区是情绪调节器

眶额区可以调节杏仁核，后者是恐惧、焦虑和预警中枢。眶额区可以直接影响杏仁核，帮助我们控制冲动和非理性的行为。当我们与人相遇时，眶额区可以根据对象的不同来调节我们的情绪反应。如果没有这个调节器，我们的情绪、态度就会变得不可控制。

第 4 章
抓住儿童大脑发育黄金期

道德感与做决定的能力

眶额区除了负责管理情绪，清理我们的内心世界，解码外部世界，并指导我们的行为，还与其他区域有着众多连接，这些连接可以快速协调我们的感受、思想和行为。在意识尚未准备就绪的情况下，我们就已经开始行动，然后迅速地根据情况做出反应，必要时还加以调整。眶额区帮助我们对所感知的事物做出决定，并且它受到我们的思想观念和道德感的影响。因此，眶额区对于建立我们的情感生活和人际关系至关重要。

完全发育成熟的眶额区有助于培养我们的道德感和社交能力，在解决冲突和纠纷时能让我们设身处地为他人着想，对自己的行为负责，还能让我们在正确的时间做出正确的决定。然而，当我们的眶额区受损时，情绪、心态和社交就会受到严重影响。我们的生活会变得混乱无序，我们很难做出正确的决定，例如选择配偶、工作、居住地等。我们也很难融入社会，无法准确预测他人的需求和反应，并失去道德感。

艾伦·舒尔（Allan Schore）是最早揭示眶额区的发育取决于儿童的经历的学者之一。这一重大发现改变了我们对儿童成长需要什么的看法。他是情感和社会神经学的创立者之一，加州大学洛杉矶分校精神病学科负责人，同时也是儿科医生、神经学专家、精神科医生、精神分析师、化学家和生物学家。由于接受了多学科的训练，他能够从更高的视角进行观察和研究。他强调，成年人对孩子眶额区的生长发育起着至关重要的作用。如果父母能够倾听孩子的内心，给予他们必

Pour une enfance heureuse
非暴力养育

要的安全感,那么孩子的眶额区就会得到良好的发育,这对他们今后维持良好的人际关系至关重要。相反,如果父母总是对孩子漠不关心或者辱骂孩子,那么孩子的眶额区发育就会受到阻碍,导致他们不能有效地调节情绪的持续时间、强度或频率。因此,良好的人际关系部分取决于这一神经回路的发育情况。

一项最近的研究对比了两组 14 岁儿童。其中,第一组(31 名儿童)受到了体罚,而另一组(41 名儿童)则没有。研究结果显示,受到体罚的孩子的眶额区发生了显著变化,体积缩小,这对孩子的情绪和社交能力的发展都会产生不良影响。在罗马尼亚,一项对孤儿的研究也显示,由于这些孩子不被关爱和照顾,他们的眶额区普遍发育不良。

这些研究结果都提醒我们,孩子的成长环境非常重要。如果他们周围的环境不"好",他们的眶额区就会发育不良,甚至出现功能障碍。这样的孩子在成长过程中可能会难以调节情绪,难以对他人表达关心和产生共情,其道德感和做决定的能力也会受到影响。

眶额区的成熟

孩子眶额区的成熟程度取决于他周围的人。如果他们能够给予孩子必要的安全感和关爱,倾听孩子的需求,孩子眶额区的神经回路就会得到加强。从 5 岁开始到 7 岁,孩子的神经元数量大量增加,神经回路也成倍增长。在五六岁时,孩子开始能更好地控制自己的负面情绪,了解负面情绪产生的原因,并学会克服。

第 4 章
抓住儿童大脑发育黄金期

但是这还远不能称为发育成熟。眶额区还有更为重要的功能，如理解自我和他人，依道德行事等。因此，眶额区要到青春期结束才会完全发育成熟。五六岁以下的孩子比较难以控制自己冲动的行为，例如想吃的东西马上就得吃，稍不如意就会发脾气、大喊大叫，甚至说脏话。这是因为他们还不能完全掌控自己的情绪。

通常,父母会期望孩子在三四岁时就能够控制情绪和抑制冲动行为，因此当孩子表现出"非理性行为"时，父母可能会失去耐心，认为孩子是故意的。实际上，这个年龄的孩子还太小，不能完全符合大人的期望，他们仍然有很多非常强烈的情绪反应和冲动，会表现出"任性""反复无常"，做出一些"蠢事"。

然而，每当孩子观察到他们的哥哥、姐姐、小伙伴或者父母如何平静而准确地化解情绪冲突时,他们的眶额区的神经回路就会进行"重演"，记录场景，并在大脑中不断强化。眶额区负责控制情绪冲动的神经回路就会逐渐变得更加高效，孩子也会变得更"懂事"。

Pour une
enfance heureuse　　　　　　　　　　　　　　经典案例

3岁的马修正在安静地玩耍，这时，6岁的姐姐爱丽丝突然把电子游戏机手柄从9岁的哥哥卢卡斯手里抢走，并生气地喊道："讨厌，这是我的手柄，马上还给我！"然而，卢卡斯非常平静地说："让我把这局玩完吧，只剩5分钟了。"听到这句话，爱丽丝平静了下来，说："好吧，你要保证玩完就还给我。"卢卡斯答应了。

当时，马修停止了玩耍，专注地观察着哥哥和姐姐之间发生的小摩擦。他的眶额区神经回路记录下了这个场景，并不断地强化这段记忆。这让他逐渐学会了在面对类似情景时如何保持平静，做出正确的应对。

相反，如果成年人不了解孩子的行为特点，就会对孩子发火："别在这里装模作样！"并惩罚他们甚至打他们。这样做会阻碍孩子眶额区的发育，推迟他们"懂事"的年龄。这些在低龄阶段正常的行为会一直伴随孩子长大，导致他们无法控制强烈的情绪并且无法对他人产生共情。这也会影响他们今后做决定的能力和道德准则意识的形成。

在《人际关系和大脑的互动如何塑造了我们》（*Comment nos relations et le cerveau interagissent pour façonner ce que nous sommes*）一书中，加州大学洛杉矶分校精神病学临床教授丹尼尔·西格尔（Daniel Siegel）[1]描述了亲子关系的三种模式。举个例子，当一个14个月大的孩子试图爬上一个不太稳固的凳子时，他会先看父母一眼，看看他们是否鼓励和支持他这样做。在这种考验时刻，父母的回应对于孩子人格的形成和孩子建立对周围成年人的信任感起到至关重要的作用。

情况1：父母发现孩子有想要爬上去的冲动，他们会温柔地对孩子说："我看得出，你想爬上去。"然后将孩子带到一个更安全的地方，

---

[1] 美国著名的积极心理学家，第七感研究所创始人，正念知觉研究中心联席主任。其著作《心智的本质》《如何让孩子自觉又主动》中文简体字版已由湛庐引进，浙江教育出版社出版。——编者注

第 4 章
抓住儿童大脑发育黄金期

让他可以自由地爬，不必担心掉下来受伤。通过这种方式，孩子可以意识到父母并不赞同他的所有行为，而是允许他在指定的区域充分释放自己的活力。父母这种理解和共情的态度有助于促进孩子眶额区的成熟。

情况 2：父母虽然在场，但没有去关注孩子，孩子寻找他们的目光却无果。当孩子摔到地上时，父母毫不在意地说："别爬了啊，别乱来。"然后漠不关心地去做别的事情。这种对孩子的漠视和不关心会给孩子带来很大的伤害，不利于他们眶额区的成熟，往往会导致孩子的情绪变得反复无常，喜欢挑衅，甚至动不动就哭。实际上，这些行为都是孩子努力寻求父母关注、支持和关爱的表现。父母的这种态度可能成为孩子在当时或成年后出现行为问题、情感表达障碍、难以建立亲密关系的根源。

情况 3：父母生气地大喊"不许爬！"然后他们意识到自己有点过于粗暴，于是把孩子抱起来安抚一番，但同时嘴里还说着"你要再做这种蠢事，我可就不抱你了！"然后又把孩子放下来。这种矛盾的行为容易引起孩子无法抑制的情绪波动，在此期间他们会过度激动，顺从本能冲动，导致眶额区的发育减缓，无法控制自己的冲动行为。这样的孩子往往在成长过程中缺乏自信，成年后的个人生活也会充满矛盾，在渴望被爱和害怕得不到爱之间摇摆不定。

孩子需要关爱，但仅有关爱是不够的。他们还需要成年人为他们指引方向，鼓励他们，信任他们，真诚地与他们共情，对他们表现出热情并理解他们。成年人的语言、态度、动作、目光、语气和语调都需要相互协调，才能让孩子和谐地构建自我。成年人是孩子的导师和榜样，告诉孩子如何以冷静、温柔、充满关爱的方式说"不",为他们划定边界。

扣带皮质位于大脑半球内侧,胼胝体上方,也被称为"扣带回"。在解剖学上,前扣带皮质可分为两部分:背侧部分与认知功能相关,腹侧部分与情绪功能相关(见图4-4)。扣带皮质的腹侧与杏仁核、伏隔核、下丘脑和脑岛前部相连。

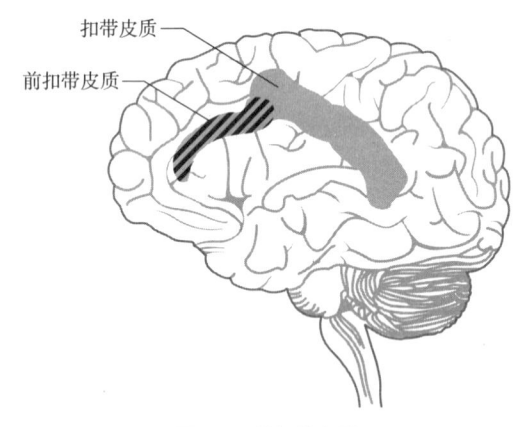

图4-4 前扣带皮质

前扣带皮质是情感和认知的连接点

前扣带皮质在情感和认知连接中起重要作用,类似眶额区。它参与许多高级功能,如情绪自我控制、集中注意力解决问题、纠正错误认知以及适应条件变化找到答案的能力等。这些功能与我们的情绪密切相关。

第 4 章
抓住儿童大脑发育黄金期

前扣带皮质还具有重新评估的功能，这使我们在情绪激动时能够从不同角度重新考虑当前情况。例如，在一场争论中，这种能力可以促使人们考虑自己的内心感受，刺激神经网络连接。这种对情绪下意识的关注有助于更好地调节情绪。通过内省和清晰表达自己的感受，人们的前额叶皮质和前扣带皮质的体积会增加，同时杏仁核也会变得更平静。

前扣带皮质会参与多种情感表达

前扣带皮质是我们与自身、我们与他人关系中起主要作用的大脑结构之一，在自我共情和对他人共情中都起着关键作用。

在自我共情中，当我们将注意力集中在自己身上时，前扣带皮质会被激活并参与其中。在与他人的关系中，当我们关注并倾听他人时，前扣带皮质也会被激活并参与到共情中，帮助我们表达感情，同时捕捉对方的面部表情。当我们关心他人，与他人合作或玩耍时，前扣带皮质同样会被激活。

布莱顿大学的精神病学教授雨果·克里切利（Hugo Critchley）认为，个体之间察觉自身或他人情绪的能力，与其前扣带皮质的激活程度呈正相关。脑部影像学的结果表明，对人际关系更敏感的人，其前扣带皮质的活跃度更高，他们不仅能更好地评估自己的社交处境，而且还能感知在场的其他人的感受。

前扣带皮质在母性和母子关系中也起到了关键作用。当一位母亲听到她的孩子哭泣的时候，她的前扣带皮质会被激活。在哺乳动物身上，如果这个区域被破坏，雌性动物就不会对因缺乏母亲照料而死亡的幼崽做出任何反应。对于幼崽来说，这个区域对于它们和母亲之间的关系同样非常重要。前扣带皮质能让它们在需要时呼唤它们的母亲。而那些前扣带皮质受损的小猴在与母亲分开时将不再哭泣。

前扣带皮质参与许多积极的情绪，如爱和信任；也参与消极的情绪，如怨恨、失望、尴尬和内疚。当我们对周围人做出评判时，前扣带皮质同样会被激活。

前扣带皮质会在感受生理性疼痛和遭到社会排斥时被激活

加州大学洛杉矶分校的心理学教授纳奥米·艾森伯格（Naomi Einsenberg）和她的团队指出，前扣带皮质是人体感受身体疼痛和遭到社会排斥的痛苦的区域，这两种痛苦都被记录在同一区域。被社会排斥或担心被社会排斥是人类焦虑和痛苦的主要原因之一，被社会排斥所带来的痛苦和生理性疼痛一样强烈。

艾森伯格教授认为，前扣带皮质就像一个预警系统，能够察觉被社会排斥的风险并促使大脑做出反应。它与杏仁核紧密相连，后者在面临危险时会向我们发出警报。这个区域的存在提醒我们，与所有哺乳动物幼崽一样，人类早期的生存完全依赖于群体，被群体排斥就相当于被判处死刑。因此，归属某个群体的渴望是作为人类最基本的需求之一，也是保证生存的本能。

第 4 章
抓住儿童大脑发育黄金期

芝加哥大学的研究员路易斯·霍克利（Louise Howkley）指出，人的社会归属感并不仅仅取决于与外界接触的频率和社会关系的数量，更取决于自己是否被那些对我们很重要的少数人所接受。

当两个人相遇时，眶额区和前扣带皮质之间形成了紧密的连接，它们通过被称为"束带"的神经元进行信息交流，这两个区域功能相似。由于束带传递神经冲动的速度非常快，我们能够在很短的时间内产生一种直觉或判断，例如，我是否喜欢面前这个人？我是否想要继续与他（她）建立关系？如果我们改变了主意，负责社交的脑丘就会相应地调整我们的言行。眶额区和前扣带皮质之间的神经回路能够使我们更有意识地对不同的情况做出适当的反应。

前额叶是共情和社交能力的关键

前额叶皮质的腹外侧和腹内侧区在培养共情能力和融入社会的能力上发挥着重要的作用。这些区域可以帮助我们平复情绪、冷静地分析处境，并采取适当的行动。特别是腹内侧区域，还影响着我们对他人的理解和维系社会关系的能力。这个区域受损，会导致我们情绪波动强烈，出现冲动或不恰当的行为，带来不良后果。背外侧区域也会参与到情绪的调节和共情中，尤其在我们感受到压力时，这个区域会协助神经内分泌系统调节压力。

前额叶是控制大部分理性情绪的区域，但要到成年初期才能完全发

Pour une enfance heureuse
非暴力养育

育成熟。在孩子的大脑中,新皮质和情绪脑之间负责传递信息的连接也才刚刚开始发育。因此,孩子很容易陷入情绪失控的状态,做出冲动的攻击性行为或逃避行为,这些都是受到本能脑和情绪脑直接作用的结果。

Pour une enfance heureuse **经典案例**

两个3岁的孩子拉斐尔和艾略特在同一个房间玩耍。拉斐尔正在看他喜欢的书,而艾略特则从玩具箱中找到一个漂亮的红色小马玩具,骑上它欢快地玩着。拉斐尔立刻放下书本,朝着艾略特冲去,把他推倒在地。艾略特极为生气,哭着打了拉斐尔。

对于3岁的孩子来说,这种场景很常见。快乐和嫉妒、愤怒一样,都需要通过大声表达来释放。对于理性思考和在发生事情时做出退后一步的决定,孩子们需要不断学习才能习得。拉斐尔无法控制自己想骑玩具马的冲动,他不会告诉自己:"我应该让艾略特先玩,等轮到我时再玩。"艾略特也无法控制自己的情绪,动手打了拉斐尔。他不会告诉自己:"我知道他也想骑马,我应该告诉他我是怎么想的,我不该打他。"即使成年人在他们身边,他们在那个时刻也很难理性应对,拉斐尔想要骑马的强烈愿望和艾略特愤怒的情绪支配了他们所有的理智。在那个瞬间,即使有成年人在场,也很难避免这次小冲突,因为事情发生得太快了。

此时若对孩子斥责、惩罚或打骂,会导致他们更加暴躁。面对成年人的气愤,孩子会变得更加激动,更加听不进去建议。成年人如果冷静地安抚孩子的情绪,然后对他们进行道德说教,也可能让

第 4 章
抓住儿童大脑发育黄金期

孩子感到无聊或反感。不过孩子们非常喜欢场景重现,例如可以通过手指玩偶来演绎场景。成年人可以告诉他们:"有一天,X 和 Y 在同一个房间里玩,当 X 从玩具箱里拿出了一个非常漂亮的红色小马玩具……"孩子们会认真地听并追问:"然后呢?"成年人可以重新开始演绎不同的情境,例如拉斐尔向坐在小马上的艾略特请求:"我也想玩你的小马,能让我玩一会儿吗?"艾略特回答:"好的,过一会儿我就给你玩。"两个孩子相视而笑。

通过模拟情景,成年人能够帮助孩子理解并让他们接受正面、积极的教育。孩子们会认识到,在面对某种情况时有许多不同的解决方式可供选择。这会激发他们的思考能力,会让他们在自己的经验中尝试理解这些信息。随着时间的推移,他们会逐渐将这些方法应用到现实生活中。需要注意的是,大脑结构中负责情绪控制的部分需要几年的时间才能真正有效运作。

由于孩子的大脑尚未发育成熟,他们的表现常常让成年人感到困惑和不安。这些表现常被视为任性,包括无法控制的哭闹、突然爆发的愤怒、跺脚、尖叫等各种看似完全非理性的行为。在遇到无法控制的危险情况时,孩子还可能出现满地打滚、用头撞墙或地板、扔东西、摔碗、打人、拉扯人、咬人等行为。

Pour une
enfance heureuse

经典案例

2 岁的妮娜和爸爸一起散步。他们非常愉快。这是属于父女俩的幸福时刻。突然,妮娜在商店橱窗里看到了一个她非常喜欢的玩

Pour une enfance heureuse
非暴力养育

具,她希望能马上拥有它。但爸爸告诉她不可以,这让妮娜非常生气。她大喊大叫,跺脚,不肯走。爸爸看到女儿这样不听话也很生气。这更加激怒了妮娜,她的哭闹声越来越大。爸爸愤怒地说:"快别胡闹了!你现在的样子真的太可笑了!"

但是,妮娜一点也不可笑。2岁的孩子会经历非常强烈的情绪刺激,如兴奋、喜悦、愤怒、恐惧等,这些情绪会淹没他们,让他们无法控制自己。受到斥责和惩罚不仅会让他们觉得受到羞辱,还会让他们对成年人感到气愤,进而破坏他们之间的关系。在街上,成年人常常因为别人的目光而不知所措。此时,保持冷静能够缓解孩子的情绪波动,接着将孩子的注意力暂时转移到令他们感兴趣的事物上,往往能让他们忘记刚才为什么生气。

对于幼儿来说,面对强烈的情绪刺激时的哭闹和愤怒并不是他们任性或生病了,而是因为他们的前额叶及其与情绪脑交换信息的脑回路尚未发育成熟。因此,很多低龄儿童往往被情绪和原始冲动所淹没,他们还不懂得如何从情绪中退后一步,反思和分析他们的处境。因此,理解这个过程对于成年人来说非常重要。如果成年人能够安抚孩子,而不是粗暴地斥责、威胁,甚至体罚孩子,孩子这个阶段的情绪波动很快就会过去。安抚一个情绪混乱的孩子,能促进他们的大脑发育成熟。

当一个孩子处于情绪混乱、哭闹不止的状态时,他(她)需要别人的帮助才能平静下来。当一个成年人安抚孩子,给他(她)带来安全感的时候,也有助于孩子的前额叶神经连接的生长和发育。随着时间的推移,这些连接可以减缓孩子的情绪脑引发的即刻危机感和恐惧感。新

第 4 章
抓住儿童大脑发育黄金期

皮质的大量细胞也开始与本能脑和情绪脑的细胞建立连接。需要指出的是，安抚孩子并不意味着纵容他们。

> **养育的洞察**
> Pour une enfance heureuse
>
> 温柔地抱着孩子，用平静的语调和理解的眼神安抚孩子，能够帮助孩子面对自己的情绪和冲动。父母关切的态度对孩子前额叶的发育大有益处，能够帮助孩子更快地掌控自己的攻击性情绪，以及来自本能脑和情绪脑的冲动。

模仿是孩子成长的重要因素之一。成年人是孩子的榜样。如果孩子在出生后的最初几年能够处在一个给予他们充分关爱和理解的环境中，他们就可以通过模仿身边的人来获得成长。我们稍后还会讲到，模仿是由被称为"镜像神经元"的特殊神经元所控制的。

这种环境有助于强化新皮质与情绪脑之间的连接，使孩子能够更好地控制愤怒、恐惧和焦虑等原始冲动。随着孩子大脑的发育，情绪和社交脑区也得到了良好的发展，孩子能够意识到自我，意识到自己的感受，并能够更好地与他人交流。如果没有人安抚孩子，帮助他们平静下来，孩子的大脑连接就无法得到充分的发育，他们会无法控制自己的情绪，容易做出一些粗暴、激烈的反应，如尖叫、打人、撕咬等。等到他们成年后，他们也常常无法理解和控制自己的情绪，无法平静地生活，他们会被焦虑、攻击性或抑郁情绪所控制，不知道如何建立亲密关系，也很难对他人产生共情。

Pour une enfance heureuse
非暴力养育

Pour une enfance heureuse　　　　　　经典案例

　　维克多的父母总是惩罚他，当他表现出"任性"时更是如此。从他18个月大开始，就受到威胁、呵斥、恐吓，被打屁股，甚至被锁在房间里。他的父母为了禁止他看自己最喜欢的动画片，还会用冷水浇他的头使其"冷静"。现在，4岁的维克多变得越来越有攻击性，经常与父母和老师对抗。在学校里，他还会殴打其他孩子，破坏学校的玩具。从很小的时候开始，维克多就被教育不许哭，一旦哭就会受到惩罚。他的父母没有尝试理解他的情绪和感受，而只是命令他"不许哭"，并告诉他"哭是不好的，是任性的表现。男孩子要坚强！"因此，维克多学会了隐藏自己的悲伤、欲望和情感，不去关注自己或他人的感受。他对自己和他人都无法产生共情，仿佛成了一个没有感情的机器。其他孩子都躲着他，他常常一个人待在操场上。从父母那里，他学会了用尖叫和打人来解决问题，而当有人告诉他"打人不对，你要对他人友好"时，他完全无法理解。在维克多的成长经历中，他感受到的只有权力关系，这也导致他以同样的方式来对待他人。

　　芝加哥大学精神分析学教授埃米尔·科卡罗（Emir Coccaro）指出，有暴力倾向的成年人，他们的前额叶皮质功能低下。这让我们思考，这些成年人在童年时是否缺乏理解和关心他们的人，没有人安抚他们的焦虑、愤怒和悲伤？这种情感缺失是否导致了他们的前额叶皮质的发育不良？

第 4 章
抓住儿童大脑发育黄金期

依恋理论

孩子一生下来就有一种至关重要的需求，就是与照顾、安慰、保护他们并在他们需要时提供依靠的人建立联系。英国精神科医生和精神分析学家约翰·鲍尔比（John Bowlby）认为，孩子想要和谐地成长，就必须与至少一位成年人建立情感上的亲密关系。这个成年人会长期稳定地照顾并保护他们，这个成年人是孩子情感上的避风港。当孩子感到惊慌和痛苦时，他们会求助于这个人，寻求身体和情感上的亲近。这个人给予孩子安全感和安慰，并逐渐给予他力量，从而使他们产生探索周围世界的想法。这就是著名的依恋理论。孩子的依恋需求与生俱来，而成年人的角色就是回应孩子受到保护的需求。这种联系最初是在孩子出生后的几个月里与照顾他们的那个人建立的，而这种依恋需求将伴随终身。许多人都可以成为孩子依恋的港湾，但总有一个人是最主要的依恋对象。

依恋是一种双向的过程，需要孩子与依恋对象之间建立双向互动。依恋的程度取决于成年人对孩子发出的信号的回应速度和方式。

鲍尔比的合作者玛丽·安斯沃斯（Mary Ainsworth）曾设计过一项被称为"陌生情境测验"的实验。实验对象为一岁左右的孩子，实验要求孩子的父母或养育者多次出入房间，引起孩子轻微的应激反应，激发孩子的依恋行为。通过实验，人们定义出了 4 种依恋类型：

- 第一种类型（模式 A），焦虑 - 回避型依恋：孩子似乎不受父母离开或回来的影响。孩子的需求被粗暴地对待、被拒绝或被无视。于是孩子明白，他们表现出焦虑无助，只会带来消极的后果。因此他们得出结论：他们不配得到爱，不配得到关怀。

- 第二种类型（模式B），安全型依恋：父母离开时，孩子表现得很不乐意；父母回来时，他们松了口气，会主动接近父母。父母以同样的方式回应孩子发出的信号，尤其是痛苦的信号。对于孩子而言，父母随时欢迎他们，回应是一致的，是充满爱的。孩子因此学会表达自己的需求，得到照顾，他们意识到自己是值得被爱的。

- 第三种类型（模式C），焦虑-矛盾型依恋或反抗型依恋：孩子在与父母分离时表现出了焦虑，而父母回来后孩子则表现出既想亲近又想疏远的矛盾状态。因为孩子相同的举动可能会得到父母的不同回应，有时候被愉快地接受，有时候却被恼怒地拒斥。因为父母的态度难以捉摸，孩子不知道自己怎么做才能让父母高兴，从而得出结论：他们不配得到爱和感情。

- 第四种类型（模式D），不安全依恋或混乱型依恋：孩子完全处于一种迷茫无助的状态。当父母回来时，他们有时候呆愣着，有时候表现出害怕、慌乱甚至抑郁。父母本身的生活就一团糟，而且会虐待孩子，孩子完全不知道该怎么办，无论父母在不在他们身边，他们都没有丝毫安全感。他没办法对自我进行评估。这种混乱的依恋关系通常发生在环境非常糟糕的家庭中。

在一岁的孩子中，55%呈现出安全型依恋，22%呈现出焦虑-回避型依恋，8%呈现出反抗型依恋，15%呈现出混乱型依恋。这种生命

第 4 章
抓住儿童大脑发育黄金期

初期建立的依恋模式在人的一生中都会起到保护或破坏作用,尤其是在处境困难的时期。

及时捕捉孩子发出的信号,并给予恰当的回应,有助于安全型依恋的建立。当成年人能够捕捉孩子发出的信号,并准确解读他们真正的需求,以恰当且前后一致的方式回应孩子时,安全型依恋就会得到强化。

孩子与父母之间的安全型依恋是促进他们健康成长的重要因素之一。安全感强的孩子通常善于交际,有同情心,自我评价良好。在充满爱的家庭中,孩子与父母早期的交流可培养出安全型依恋,这是成年后社交状况良好的保障。由此我们可以辨别导致安全型依恋或焦虑型依恋的因素。如果成年人无法理解孩子的需求,对与孩子的身体接触表示厌恶,很少表露情感或者不能及时给予孩子恰当的回应,就会使孩子形成焦虑型依恋。在焦虑型依恋模式下长大的孩子往往会在社会中表现出退缩、躯体不适、对抗或攻击性行为。如果因各种原因,父母无法照顾自己的孩子,其他成年人也可以给予孩子爱和照顾。即使孩子有早期创伤,只要程度不大或持续时间不长,他们也能够健康成长。

Pour une
enfance heureuse

经典案例

3个月大的萨米尔和妈妈在街上散步。临近中午,萨米尔感觉有点累,表现出一些焦躁情绪。妈妈立刻捕捉到了儿子释放的情绪信号,抱了抱他说:"好啦,我知道你累了,也饿了,我们这就回家。"成年人正确感知孩子的情绪信号并做出回应,有助于帮助孩子建立安全感。孩子会感到自己被信任,觉得成年人能够理解他,值得他依靠。

> **养育的洞察**
> Pour une enfance heureuse
>
> 孩子的健康成长需要与成年人建立依恋关系,拥有安全感和被保护感,本质上需要的是关爱。为了建立良好的亲子关系,父母需要有一个足够长的带薪育儿假。当孩子进入保育场所时,如果那里的成年人只照看一两个孩子,依恋关系将更容易建立;但如果一个成年人要同时照料五六个一岁以下的孩子,则几乎不可能真正满足每个孩子的情感需求。

新生儿的哭泣

在孩子出生后的前 3 个月里,哭泣是他们表达各种情绪和需求的主要方式。因此,对于这个小生命来说,哭泣是他们不可或缺的一部分。不同的婴儿哭泣的频率和原因也有所不同,有些婴儿很少哭泣,只在饥饿时才会哭,有些婴儿则会频繁哭泣。父母有时会为此感到深深的焦虑,同时也会感到茫然、无助、疲惫和愤怒。孩子在出生后前 3 个月的哭泣频率是导致成年人情绪失控的主要原因。

第 4 章
抓住儿童大脑发育黄金期

孩子哭是为了表达情绪和寻求帮助

当孩子感到疲倦、紧张、担心、恐惧、愤怒时,他们就会哭泣。因为这些情绪会使他们感到心烦意乱,他们没有别的办法,只能通过哭泣来寻求安慰。

孩子哭是为了表达需求

孩子哭泣是表达重要需求的一种方式,包括需要关爱、陪玩、安慰、舒适的环境和安全感等。哭泣可以表达孩子想要亲近、玩耍、休息或者生理上的需求,如饥饿、口渴、热或冷以及需要换尿布等。有些父母可能会误认为孩子哭泣就是饥饿的信号,过分强调食物和情绪的联系,而忽略了孩子的其他需求。这会降低孩子理解和表达自己情绪需求的能力,使他们习惯于依靠食物来平复情绪。因此,成年人需要通过共情、关注和倾听来应对婴儿的哭泣,以理解和满足他们的需求。

不舒服的时候,孩子也会哭

这种哭泣与其他哭泣完全不同,父母很容易辨别,此时就要带孩子去医院。

孩子在刚出生时处于极度脆弱的状态

孩子是极其脆弱的,他们完全依赖成年人,只有依靠父母和周围的人，他们才能生存下来。孩子需要父母为他们提供充足的食物、舒适和安全的环境。孩子经常情绪波动剧烈，当他们哭泣时，他们需要成年人的安慰和关注，否则他们无法自己平静下来。

婴儿在出生后的前几个月极为脆弱，他们完全依赖成年人的照顾和保护。孩子会表现出强烈的情绪波动，哭泣时无法自我安抚。大脑中负责生存和警报的区域一直非常活跃，孩子一直处于警觉状态。面对不可预测或无法理解的环境，他们会陷入恐惧、焦虑和愤怒中。因此，孩子迫切需要成年人理解他们，安抚他们，给他们安全感，接纳和爱他们。

那些出于无知或习惯的流行说法

对于父母而言，要明确自己该如何做并不容易，特别是当周围的人不断告诉他们："让他哭一会儿吧，否则他会变得蛮横任性，你就得一直迁就他！""别老抱着他，否则你会把他惯坏的！""孩子哭一哭也没事，这对他的肺部发育有好处，不用总抱着他！""你的孩子已经3个月了，该学会自己睡觉了，不要总是抱着他。"

父母必须非常坚定才能抵制这些建议和劝告。当他们倾听孩子的感受并与孩子建立联系时，就会明白必须及时回应孩子的需求。以上这类周围人的说法会动摇他们，阻止他们去理解孩子，并使他们产生怀疑："如果我满足他的需求，他会变得不可控制吗？""医生告诉我不能完全迁就他，那我该怎么做呢？""如果让孩子占据我的全部生活，我会不会迷失自我？"

第 4 章
抓住儿童大脑发育黄金期

通常，周围的人这样说只是出于习惯或无知。他们就是这样长大的，缺乏共情，也无法理解自己和他人的需求。

父母的疲惫

对于新生儿父母来说，他们需要满足孩子的各种需求，但有时候他们可能会精疲力尽，无法应付孩子的哭泣。他们渴望回到从前安静的夜晚，不想再听到孩子的声音，可能会戴上耳塞或将孩子扔在一旁。有些父母则会因为无法控制孩子的情绪而变得暴躁，对孩子发脾气，责骂甚至虐待孩子。

> Pour une
> enfance heureuse
>
> 经典案例
>
> 穆里尔和吉米很高兴成为父母。他们的第一个孩子汤姆是个很棒的孩子，这让他们十分骄傲。然而，孩子夜晚的哭闹声和早晨的闹铃声开始影响吉米的情绪。吉米认为他需要好好休息，第二天还要早起上班。汤姆每晚都会哭，有时候一哭就是2个小时，每3个小时要吃一次奶，吃完奶也不能马上睡觉。穆里尔觉得吉米在晚上完全帮不上忙，对她来说，独自照顾汤姆已经让她不堪重负。一个半月后，她感觉自己像个机器人一样，不再享受照顾汤姆的喜悦。她开始怀疑明天是否还有勇气和她怀里的孩子一起度过一个晚上。

079

Pour une enfance heureuse
非暴力养育

当没有人回应孩子的呼唤和哭声时

让孩子变成不哭不闹的乖小孩并不难，只需无视他们所有的呼唤，几天后他们就不会再找你，除非表达疼痛时。但这样做会让他们失去表达情绪、忧伤、恐惧、愤怒等情绪和需求的能力，让他们失去了生命的活力，成年人需要警惕这一点。如果一个不到 5 岁的孩子不再表达情绪，不再流露对生活的喜悦，成年人更需要反思：是不是恐惧阻碍了他们的表达？他们在害怕什么？是什么限制了他们表达的能力？

集体生活

3 个月（极个别情况）到 3 岁之间的幼儿有时会被送到托儿所或者日托中心。这个年龄段的孩子，情绪还非常脆弱。如果保育员数量不够或者没有接受良好的培训，幼儿可能会因此面对很大的困难。

当他们身处一大群孩子中时，他们可能会感到不知所措。嘈杂纷乱的环境会令他们感到不安，他们不知道发生了什么。有人推他们，有人把他们的玩具抢走，有人命令他们做这做那，而很少有成年人会花时间来理解他们此刻的心情。

如果他们也去推那个刚刚抢走他们玩具的小朋友，他们就会听到："住手，乖一点，这样做是不对的，不许这样做。"听了这些话，他们忍不住开始抽泣，或者一个人躲到角落里。有时他们还会受到惩罚，而他们并不明白被惩罚的原因。这些可能看上去无足轻重，但是成年人

第 4 章
抓住儿童大脑发育黄金期

的这种态度会造成恶性循环，让孩子养成退缩的习惯，逼迫自己变得很"乖"，沉默寡言，或者相反，他们会通过发脾气和做出攻击性行为来表达自己的感受，比如咬人或打人。

当他们咬人时，成年人的反应通常会进一步刺激他们的情绪："你不能这么做，你太不懂事了！"这些话落到孩子身上，会让他们对自己的认知变得非常消极："我是个坏孩子，不乖，又粗暴。"于是他们就真的这么去做。他们的行为模式越来越趋向于别人对他们下的定义：这是个坏孩子，小小年纪就这么粗暴。他们可能会带着这样的标签长大。

在这种时候，他们需要一个人，以另一种态度来对待他们。成年人首先要阻止孩子的攻击行为，让他们放松、冷静下来，让他们能够听得进去别人的话，然后给他们指明方向。成年人需要花些时间和他们建立关系，用他们这个年龄能够听得懂的话来安抚他们，让他们感觉到自己的情绪已经被关注到了，无须说教，而是可以简单地说："我知道你现在很生气，但不能用咬人来表示你生气。"一旦孩子平静下来，再这样安抚他们："我相信，过一阵子你就知道该怎么做了。"给予孩子充分的信任，是孩子健康成长必不可少的情感滋养。

养育的洞察
Pour une enfance heureuse

在幼儿托管机构中，保育人员的数量通常不足。另外，保育人员所接受的培训通常不涉及脑科学范畴的儿童情感或社交发展，对幼儿最根本的情绪和情感生活缺乏必要的了解。因此，改善和深化保育人员相关的培训也极为重要，这将有利于孩子的健康成长，同时也能简化他们的工作，让他们感到满意。

杏仁核是情绪和人际关系的关键枢纽

杏仁核，顾名思义，该区域的形状像一颗杏仁，它位于颞叶的背内侧，与海马旁回相连（见图 4-5）。它与前额叶皮质、海马旁回以及下丘脑和新皮质控制着人体感觉的区域连接。从孕期第 8 个月起，胎儿的杏仁核就开始发挥功能。

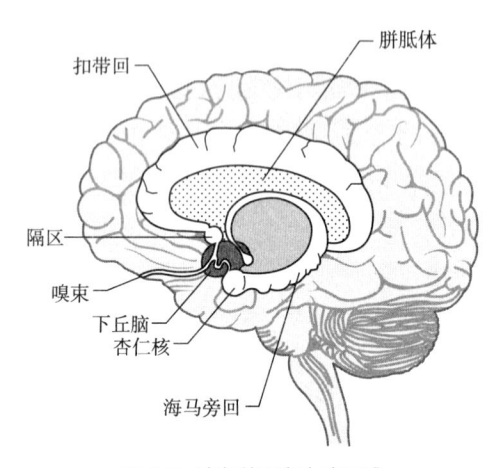

图 4-5 杏仁核所在大脑区域

第 4 章
抓住儿童大脑发育黄金期

杏仁核在我们与周围环境的关系中扮演着关键的角色，尤其是影响着我们的恐惧和依恋体验。此外，杏仁核还是我们形成"第一印象"的区域。以色列巴伊兰大学的希尔·阿特祖尔（Shir Atzil）研究员指出，杏仁核与母性行为密切相关。

杏仁核在我们的社交中起着非常重要的作用，它与在我们的情感与社交生活中起关键作用的前额叶和前扣带回这两个区域相连。杏仁核参与了"情绪感染"，即能够感受到周围人交流时的情绪。波士顿大学的最新研究表明，社交关系的数量与杏仁核的大小存在关联。

如果双侧杏仁核受损，患者就会经历真正的"情绪麻木"，无法感受到焦虑或快乐。

杏仁核在我们的恐惧反应中起核心作用

杏仁核的主要功能是检测周围环境中的潜在危险，并让我们能够在瞬间做出下意识的反应。它就像大脑的"雷达"，不断保持着对所有未知、奇怪或危险的事物的警惕。一旦我们感到恐惧或惊慌，杏仁核就会被激活，并向下丘脑发出警报，从而刺激"应激反应激素"的分泌。纽约情绪脑研究所主任约瑟夫·勒杜（Joseph LeDoux）称杏仁核为"恐惧中心"。

杏仁核能帮助我们动用一切力量来避免危险，包括攻击或逃跑。但在广泛的意义上，当面对与我们自己或群体生存有关的事件时，例

083

Pour une enfance heureuse
非暴力养育

如食物的存在,伴侣、竞争对手的出现或孩子需要帮助时,杏仁核可以根据情况调节我们的反应,以便我们更好地适应环境变化。因此,杏仁核在大脑中扮演着重要的角色,帮助我们保持警觉并保护我们以及我们关心的人。

涉及恐惧反应的两条神经回路

当我们感到害怕时,有两条神经回路会做出反应。第一条是短的、快速的、自发的回路,但不够精确,是下意识的,行动先于思考。这条回路速度快,但是容易误判。第二条则是较长、较慢的神经回路,它更精确,思考先于行动,且有大脑皮质参与。这条回路做出的反应更有效,但不够迅速。

当我们感到恐惧时,刺激首先来自感官上:我们看到、听到或感觉到某个可怕的东西,瞬间被吓了一跳。感官刺激被传递到下丘脑,然后到达相应的感觉中枢,随后感觉中枢会对这一刺激进行评估:这种刺激是否对我构成威胁?

如果这种刺激意味着危险,杏仁核将不等待大脑皮质做出反应而直接发出警告,我们会做出下意识的反应。这就是短的神经回路。这就可以解释我们下意识的情绪反应,比如面对危险时要么攻击,要么逃避。

几分之一秒之后,信息被传递到大脑皮质,大脑开始分析这个危险是否真实存在。这是长的神经回路。如果最终我们发现没有任何危险,

第 4 章
抓住儿童大脑发育黄金期

那就是虚惊一场。如果我们面临真正的危险却不能及时做出反应,后果将是致命的。因此,杏仁核和这些下意识的反应同样在保护着我们的生命。

在生命的最初几年,完全发育成熟的杏仁核会引发孩子的很多反应,但孩子无法独自控制这些反应。

应激会刺激杏仁核,而杏仁核也会作用于调节应激反应的两大系统。作为"恐惧中心",杏仁核在婴儿出生时就已经完全发育成熟,但能够抑制杏仁核功能的结构——眶额区和腹内侧区,还不能完全正常运行。因此,婴儿常常感到恐惧,却不能像成年人一样理智对待并让自己平静下来。

正如我们之前讲过的,恐惧的两条神经回路分别为短回路和长回路。婴儿使用的是短回路,无法使用长回路让自己恢复理智并冷静下来。这是因为大脑新皮质、海马旁回、新皮质和情绪脑的连接还未发育成熟。

> Pour une enfance heureuse
>
> **经典案例**
>
> 夏天,3岁的科伦丁第一次看到大海。他在父亲怀里紧张地望着大海。大海的无边无际、海水的气味和海浪的声音,让他非常害怕,他无法控制自己的情绪。他的父母想让他下水玩耍,但他害怕得尖叫起来。

尽管科伦丁感到害怕，但他的父母却不顾他的感受，试图强迫他下水玩耍。他们对他说："没有理由害怕啊，别犯傻！你不会有事的。"然而，这样的话并没有安抚到科伦丁，反而让他更加恐惧和惊慌失措。科伦丁对父母感到气愤，因为他们没有倾听他的想法和感受。如果类似的情况再次发生，他可能会失去对父母的信任和安全感。

当父母理解科伦丁时，他们知道了不应该强迫他。于是，他们每天都带科伦丁来海滩上玩耍，让他逐渐接近大海。科伦丁开始了解大海，不再感到陌生和恐惧。慢慢熟悉和适应之后，他成功地把脚浸在了海水里，快乐地尖叫，自豪地看着他的父母。这对他来说是一次胜利，他克服了恐惧，感受到了安全和自信。

杏仁核参与我们潜意识的情绪记忆

要想充分了解记忆，有必要先了解一些基本概念。记忆过程分为三个步骤：编码、存储和检索。编码是指对外部信息的采集，对象可以是一个信息、一个事件、一个印记等；存储是将这些信息进行不同时间的保存；检索是在需要的时候重新提取这些信息。

我们将记忆分为三种类型：瞬时记忆、短时记忆和长期记忆。瞬时记忆指在非常有限的时间内保持的记忆；短时记忆则是对新近事件的记忆，也被称为"工作记忆"，是一种临时存储系统，位于大脑的前额叶，可以保存几分钟左右的记忆，它让我们能够处理信息，从而实现一些认知活动，例如推理和理解；长期记忆可以持续数天至数年，又分为内隐记忆和外显记忆。

内隐记忆分为程序记忆和情绪记忆两种类型。程序记忆也被称为"技能记忆"，它指的是"如何做事情"的记忆，让人能够完成某项任务，但并不保留学习的记忆本身，即"熟能生巧"。通过程序记忆，我们可以自发地、熟练地完成一些任务，例如开车、系鞋带等。情绪记忆是我们要重点讨论的记忆类型。这种记忆和杏仁核密切相关。

外显记忆涉及有意识的记忆，分为情景记忆和语义记忆两种类型。情景记忆涉及我们的个人生活，是我们对亲身经历的记忆。语义记忆则涉及我们的认知、文化和知识。

孩子的海马旁回尚未完全发育成熟，但杏仁核已经能够存储无意识的记忆。这也是我们对自己生命的最初几年没有什么印象的原因。早年的创伤可以在孩子的大脑中留下无意识的内隐记忆，这些记忆可能会以意识层面无法察觉的方式影响孩子的精神和行为发展，甚至导致孩子今后的精神和行为障碍。

杏仁核在"内隐记忆"中起重要作用

通过去甲肾上腺素对杏仁核中的 β - 肾上腺素受体的作用，某些可以引发剧烈情绪的事件在我们的无意识记忆中会留下持久的印迹。去甲肾上腺素还通过植物神经系统和下丘脑 - 垂体 - 肾上腺轴（HPA 轴）

Pour une enfance heureuse
非暴力养育

与机体的应激系统相连,导致心跳和呼吸加快、出汗以及免疫力下降等一系列生理反应。

杏仁核不会忘记

杏仁核在孩子出生时就已经完全发育成熟,可以储存记忆,但这些记忆都是无意识的。因此,童年时期产生的所有关于恐惧的记忆都会被长久地保存在杏仁核中,而且这些记忆永远不会被忘记。这些与恐惧相关的记忆会在孩子意识不到的情况下继续对他们产生作用,干扰和改变他们的生活。

> Pour une enfance heureuse **经典案例**
>
> 6个月大的提图昂在哭泣,他感到很累,希望被抱在怀里。但是,他的妈妈听到他的哭声后,却烦躁地对他大吼:"够了!别哭了!我都听烦了!"这种场景经常出现,让提图昂感到孤独和迷茫。每当他需要安慰时,他的妈妈总是置之不理。虽然他以后可能会忘记这些时刻,但在内心深处,他会留下一种不知其来源的不安全感。妈妈大吼大叫、不回应他的画面,将在不知不觉中持续影响着他。
>
> 与提图昂同龄的瓦妮莎也在哭泣,她需要安慰。她的爸爸听到了她的哭声,温柔地抱起她,说:"我在这里,亲爱的。你要是觉得不开心,可以和爸爸说,如果需要亲亲你也可以告诉我哦。"很快,瓦妮莎脸上的表情放松了,她不再哭泣,不安的情绪得到了缓解。虽然她可能会忘记这些被父亲温柔以待的时刻,但这些时刻会

第 4 章
抓住儿童大脑发育黄金期

让她稳固地建立自我,让她感到可以依赖父母。

当一个成年人烦躁、发火、大吼大叫、瞪眼、施以惩罚、焦虑或恐惧的时候,他的不良情绪会直接传递给孩子,给孩子带来压力,同时在孩子的杏仁核中留下深刻的印记。杏仁核的无意识运作让我们明白了为什么我们不记得自己生命早期经历的创伤。早期创伤,即出生后或生命最初几年所经历的创伤,会以无意识的方式在儿童阶段和成年以后长久地困扰我们。因此,通过恐吓、威胁的方式来教育孩子是非常有害的,这会在孩子身上留下一些有毒的隐秘烙印,使孩子成年后仍会受到影响。

为我们的感受命名可以让杏仁核平静下来

当我们面对困难时,重新审视处境可以改变事件对我们的情绪造成的影响,这就是前面提到过的重新评估。为我们的感受命名可以让杏仁核平静下来。我们对恐惧的记忆将被记录到与杏仁核相连的神经回路中。如果在提取这段记忆时,我们能够说一些降低恐惧程度的话,这段记忆就会被重新编码,从而削弱对这段情绪影响。渐渐地,我们就可以毫无恐惧地提取这段记忆。

相反,如果我们提取这段恐惧记忆时,任由自己被恐惧情绪所淹没,这段记忆就会被强化,我们的恐惧就会加深。勒杜认为,有时在可以提供不同视角的人面前讲述令自己痛苦的记忆,通过重新编码,我们可以将自己从痛苦中解脱出来。语言可以改变大脑记录我们痛苦的方式。

孩子无法让杏仁核平静下来

经典案例

夜里，18个月大的马侬醒了。月亮透过窗帘照在墙上的影子吓得她大声尖叫。年幼的她对周围的事物充满了好奇和探索欲，虽然不知道这些影子是什么，但她却觉得它们很可怕。她还无法用语言完整地表达自己的恐惧，但她的妈妈感受到了她的恐惧。她走到马侬身边，问她发生了什么事，但马侬只能说出几个单词。妈妈抱起她，安慰道："亲爱的，没事的，我在这里，我会保护你的。"这句话让马侬感到很安心，她再次进入了梦乡。

孩子还无法理解自己身上正在发生的事情，也无法用语言准确表达它们。他们还不能意识到自己的情绪和情感，也无法表达出来。因此，他们无法让自己的杏仁核平静下来。如果成年人能够提供一些词语并询问孩子，例如："你害怕吗？你生气了吗？是这种感觉吗？"就可以帮助他们意识到自己正在经历的事情。孩子会确认或否认这些感受。如果成年人用这种方式与孩子沟通，孩子长大后也会这样做，并且更容易表达自己的感受，从而提高他们的情商。情商对于调节自身情绪、建立和谐的人际关系非常重要。

海马旁回是学习记忆、情绪记忆和长期记忆的中枢

海马旁回的名称源于其形状，就像海马会弯曲的尾巴一样。它位于

颞叶深处，杏仁核后面（见图4-6），能够接收多种感觉信息，包括视觉、听觉和躯体感觉。它与杏仁核之间的连接非常紧密。值得注意的是，在人出生时，海马旁回尚未完全发育成熟。

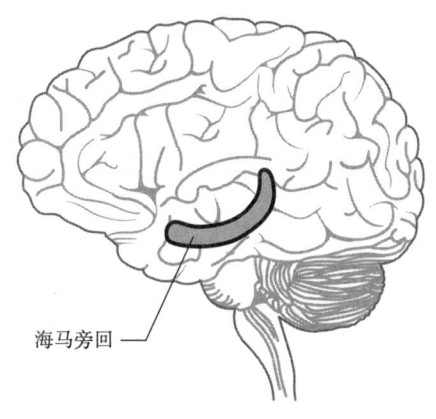

图4-6 海马旁回

海马旁回是记忆的中枢之一，参与了各种类型记忆的处理和储存。它通过对传入信息的分类和整合，促进长期记忆的形成，让我们能够记住生命中的重要经历。

情绪记忆

我们之前提到了两种记忆系统：一种是无意识的内隐记忆，主要受杏仁核控制；另一种是有意识的外显记忆，依赖于海马旁回和大脑皮质等结构的协作。海马旁回、杏仁核、大脑皮质，以及其他脑部结构共同构建了外显记忆和有意识的学习。目前研究人员尚未确定外显记忆的正

Pour une enfance heureuse
非暴力养育

常发育年龄，许多人认为 5 岁前的孩子外显记忆功能不完善，而另一些人则认为从 3 岁或一岁半开始，这种记忆就已经相当活跃了。

当我们成年后，如果遭遇到强烈的刺激，比如车祸，海马旁回可以帮助我们记住事件发生的时间、地点、与谁在一起、我们的反应以及当时我们的情绪状态。回忆这样的事件，杏仁核会引发一系列生理变化，如心跳加快、出汗等。

在强烈刺激下，海马旁回活动减少，出现注意力和记忆障碍。这会导致我们对事件发生时的情况和真实事件的记忆变得模糊，甚至记忆被完全抹去。勒杜认为这会带来两种结果：

- 积极方面：人们只在潜意识中保留对这种创伤性事件的记忆，而不会总被这段记忆折磨。
- 消极方面：应激反应和条件反射般的恐惧会延伸到创伤性事件之外的其他情景，即使当事人已经记不清当时发生的事情。这些印记能够解释那些突然出现的恐惧反应和莫名的焦虑，导致当事人对之后的创伤更加敏感。每当一个创伤性事件发生，海马旁回都会参与到对事件的有意识记忆中，而杏仁核则会把恐惧情绪转化为机体反应。

长期记忆

海马旁回将我们在执行某个任务时暂存在脑中的新信息转化为长期

第 4 章
抓住儿童大脑发育黄金期

记忆，这让我们能够记住生命中的每一个片段，因此又称为"情景记忆"或"自传性记忆"。所有我们学习到的东西和所有的记忆都要依靠海马旁回来保存。因此，海马旁回在我们一生中都发挥着作用，并不断制造新的神经元。海马旁回也在不断地被重塑，它的体积随着我们的学习和记忆的变化而变化。

学习和记忆是紧密相连且相互依存的。记忆对于学习至关重要，因为它记录我们新学到的信息，并提取出我们已知的知识。学习留下的痕迹就是记忆。因此，海马旁回是掌管我们大脑学习的核心结构。

压力会导致海马旁回神经元的损坏

海马旁回是控制我们心境和情绪回路的重要组成部分，因此它对压力和情绪上的困扰特别敏感。当肾上腺分泌过多的皮质醇时，海马旁回中的神经元就会受到抑制，导致神经元的增长和发育受到限制，数量减少，甚至会遭到破坏，这将严重影响学习和记忆。同时，皮质醇也会激发杏仁核的恐惧反应，导致人产生恐惧感，这种感受会传递到海马旁回，使思维被恐惧所控制，大脑陷入瘫痪，当事人因此无法进行倾听和学习。他们的杏仁核只记录下了害怕和焦虑的感受，而海马旁回里却什么都没有留下。

母爱可以促进海马旁回的发育

米尼的大鼠实验表明，母鼠的照料有利于幼鼠海马旁回的发育。母鼠的照料以及安抚性的接触，能够促进糖皮质激素受体的产生，从而降低海马旁回暴露于皮质醇的风险[1]。这样，应激反应所带来的对身心有害的反应就得到了中和，海马旁回也得到了保护。建立安全型依恋所带来的生物学效应之一就是降低海马旁回对应激反应的敏感性。正如上文中所提到的，尚帕涅证实，那些受到母鼠良好照料且经常被舔舐爱抚的幼鼠，它们海马旁回的神经元发育得更好，树突茂盛，轴突更长，突触更密集。相反，没有或很少受到母鼠照料的幼鼠则表现出相反的特征。

圣路易斯大学的精神病学教授乔恩·卢比（Joan Luby）进行了一项研究，发现当孩子得到母亲的支持和鼓励时，他们的海马旁回体积会增加。这项研究涉及 92 名儿童，结果显示，他们幼年所受到的支持态度与 7～13 岁期间海马旁回体积的增大呈正相关。相反，虐待孩子会导致其海马旁回体积缩小。

记忆和海马旁回的不成熟

然而，负责外显记忆的海马旁回和大脑皮质在低龄孩子身上尚未发育成熟。通常，当孩子长到 18 个月左右时，海马旁回的一部分才开始成熟，外显记忆（即有意识记忆）才开始发挥作用。

由于外显记忆还涉及海马旁回和大脑皮质间的结构网络，因此外显

---

[1] 受体是一些隐藏于神经元细胞膜上的单板质结构，神经递质、其他化学物质或药物分子可以作用于受体。在这个例子中，应激反应产生的皮质醇可以作用于海马旁回神经元拥有的糖皮质激素受体。——译者注

第 4 章
抓住儿童大脑发育黄金期

记忆的发展与这些结构的成熟是同步的。我们小时候记忆缺失的部分原因就是海马旁回和大脑皮质结构尚未发育成熟。

Pour une enfance heureuse　　　经典案例

艾伊莎的母亲来向我咨询，因为她 5 岁的女儿总是睡不好，经常在夜间惊醒、尖叫。白天，艾伊莎看起来心神恍惚、情绪低落，胃口也不好。这位母亲说，艾伊莎 18 个月大的时候，在原籍国目睹了一场骚乱。虽然艾伊莎已经不记得那些血腥的场面，但是她的杏仁核在她出生时就已经发育成熟，让她在那时深深地感受到了恐惧。虽然艾伊莎无法回忆起那段记忆，但那段记忆仍在持续地影响着她，让她感到害怕。对于艾伊莎来说，去一个针对遭受严重创伤人士的专业机构进行咨询，是非常有必要的。

恐惧阻碍思考和学习

学习对于孩子来说至关重要，他们渴望学习、探索，并通过所获得的知识逐渐构建出身边世界的图景。在一个支持他们、鼓励他们的氛围中学习，会促进孩子记忆力和理解力的发展。相反，如果课堂气氛紧张压抑，孩子总是担心别人对自己的看法，害怕在老师和同学面前出丑，这些都可能对他们学习能力的发展产生负面影响。

如上文所述，孩子在学习时所承受的压力会减少海马旁回中神经元

Pour une enfance heureuse
非暴力养育

的数量，甚至会破坏它们。因此，社会环境对于神经元的数量以及神经元连接的发展都会造成影响。

当教育工作者了解到紧张、压力会对孩子的大脑造成伤害时，他们就应该改变教育方式，让孩子不再承受不必要的压力。在轻松的课堂氛围中，孩子会更乐于学习，教师和学生之间的互动也会更加愉快，学习效果也会更好。

然而，当教师对学生施加压力，说着消极、伤人甚至侮辱性的话语时，或者当父母辅导孩子做作业时以同样的方式对他们施加压力时，孩子的学习能力、记忆能力和思考能力会受到损害，这与教师、父母的预期目标是背道而驰的。

Pour une enfance heureuse　　　　　　　　　　　经典案例

　　7岁的瓦伦丁很高兴自己要上小学了，他迫不及待地要去学习阅读和写字。但当他开始学写字时，老师对他说："你的笔记本真够脏的，跟草稿似的！看，到处都是污渍。你怎么写都写不整齐，瞧你写的字母……什么乱七八糟的！你写的都是什么，我根本看不懂！我真不知道你能不能学会写字……"

　　从那时起，瓦伦丁每天早上都会感到肚子痛，整个人变得愁眉苦脸。老师叫来他的父母，对他们说："瓦伦丁越来越不想写字，他越来越自闭，越来越沉默寡言。我不知道他是怎么了，是家里出什么事了吗？"然而，老师并没有意识到自己对瓦伦丁施加的压力

第 4 章
抓住儿童大脑发育黄金期

直接作用于他的海马旁回，而海马旁回是学习和记忆的重要大脑结构。压力困住了瓦伦丁，令他感到惊慌失措，再也听不明白老师所讲授的内容。

相反，如果老师能够鼓励瓦伦丁，用富有耐心和热情的方式帮助他，那么他的恐惧就会逐渐减少。在这种支持和鼓励的氛围中，瓦伦丁就会重拾自信，重新开始学习写字。

> **养育的洞察**
> Pour une enfance heureuse
>
> 一旦压力出现，我们用于思考、学习、反思和记忆的脑回路就会受到影响，甚至被抑制。压力越大，我们的智力受到的负面影响就越大，我们就越来越难以清晰地思考。

皮质醇的刺激使杏仁核处于支配地位，降低了前额叶皮质和海马旁回的活跃度。

> **养育的洞察**
> Pour une enfance heureuse
>
> 焦虑、愤怒、恐惧都会对我们的思考能力产生负面影响，妨碍我们学习、发挥创造力和产生新思路。相反，快乐可以大大提高我们的思考速度和创造力。

因此，在所有的教学过程中，必须考虑这些重要的事实：有压力的环境会降低认知能力。这是一个恶性循环，当孩子感到害怕时，他们就学不好，成绩就会下降，进而觉得自己无能，感到羞愧，不想去上学。采用无压力、鼓励性的教学方式，对于教师来说会使他们更加愉快、满足；对于学生来说则更有利于他们的学习，能促进他们的记忆和创造力的进一步发展。

其他大脑结构的功能和作用

下丘脑。 下丘脑位于大脑深处，与多个不同的大脑结构相连。它与垂体密切相连，调节激素的分泌，同时与脑干相连，调节植物神经系统。此外，下丘脑还与情绪脑和前额叶皮质相连，在大脑运行中处于中心位置。

下丘脑能够合成相当数量的分子，并调节激素分泌、下丘脑－垂体轴和植物神经系统（包括交感神经和副交感神经），这些都与应激反应密切相关。此外，下丘脑还协调机体的主要功能，如内分泌、呼吸、心跳、体温、饥饿、口渴、清醒等。在情绪和心境的变化中，下丘脑也发挥着重要的作用。

脑岛。 脑岛隐藏在额叶和颞叶之间的皮质褶皱深处。它通过丘脑接收感官信息并将其发送到与情绪脑相连的结构中，如杏仁核和腹侧纹状体。脑岛在情绪区（如杏仁核）和情绪调节区（如前额叶皮质）之间起到中转作用。它在我们的社交中扮演着重要角色，涉及爱、信任、自我

第 4 章
抓住儿童大脑发育黄金期

共情、对他人的共情、协作等能力，以及怨恨、失望、尴尬等情绪。它参与我们的自我认知和疼痛机制，同时也与情绪的形成密切相关，涉及愤怒、喜悦、悲伤、害怕、厌恶等。此外，它还会深入参与欲望的意识层面，例如"主动寻找食物"，并且在感知自身和他人的身体状态以及内脏状态方面也发挥着重要作用。被激活的脑岛会对以下几类信息做出回应：

- 自我认知，包括对自我情绪和自我身份的认知；
- 自己和他人的情绪；
- 视觉上的表达，如眼神、厌恶和受骗后的各种面部表情；
- 身体上的感觉，对不愉快味道、不适感、特定气体刺激、温度变化、安抚性触觉、身体状态和内部器官反应的感知，以及对疼痛和心跳的感知等。

因此，我们可以说，脑岛提供了身体状态的情绪信息。

伏隔核。 伏隔核位于大脑深处，是奖励系统的一部分，与情绪和动机密切相关。它在母性行为中扮演着重要的角色。它与微笑和愉悦有关，也与成瘾和恐惧有关。

小脑。 小脑是大脑中一个极为重要的结构，位于脑干后方和大脑下方。虽然它仅占颅内体积的 10%，却拥有超过 50% 的神经元。小脑在协调肌肉运动方面扮演着关键角色，同时还参与到我们的注意力、语言能力中，并在我们的社交情感生活中发挥作用。

Pour une enfance heureuse
非暴力养育

大脑半球。在大脑的两个半球中，前额叶承担着与情绪密切相关的特定功能。值得注意的是，对于惯用右手的人而言，他们的右前额叶皮质会更多地涉及负面情绪的产生，左前额叶皮质则与正面情绪的产生有关。对于左撇子而言，则恰好相反。

大脑右半球主管情感和情绪信号。大脑右半球与我们的身体感觉密切相关，同时也与我们的警报中心——杏仁核联系紧密。在孩子出生后的前 18 个月内，伴随着感觉和运动能力的快速发展，大脑的右半球发育速度非常快。母亲经常让孩子躺在她的左臂弯里，孩子可以听到母亲的心跳，并且和母亲进行眼神交流，这些影像信息会直接作用于母亲的大脑右半球。

> **养育的洞察**
> Pour une enfance heureuse
>
> 当亲子关系和谐时，孩子就会与父母大脑的右半球建立紧密联系。这种联系有助于促进孩子大脑右半球的良好发育，是他们的情感和自我认知能力逐步发展的重要基础。
> 如果亲子关系不够和谐，孩子与父母大脑右半球的联系就会受到影响，这可能会减缓孩子大脑右半球的发育，从而影响孩子的自我建构和情感生活，对他们的整体发育产生负面影响。

大脑的左半球是语言和理解语言的中枢。对于惯用右手的人来说，他们的大脑左半球在出生后的第二年会快速发育，这也与孩子在 18 个

第 4 章
抓住儿童大脑发育黄金期

月左右时语言能力的爆发相一致。当成年人帮助孩子学会用不同的词语来表达他们的感受时，可以让孩子更好地平衡自己的精神状态。因此，和谐的亲子关系和积极的语言交流对孩子的成长发育非常重要。

胼胝体。胼胝体是一种纤维网状结构，它在大脑的两个半球之间传递信息，以保证大脑各部分沟通的正常。要想拥有高情商，就必须确保该部位正常运行。

然而，对于孩子而言，大脑的两个半球之间的沟通还不够成熟。胼胝体还没有发育成熟，无法在两个前额叶之间正常传递信息。因此，两个大脑半球各自为政，孩子的情绪就会突然发生变化，可能一分钟前还很开心地唱歌、说话、玩耍（这时大脑左半球占主导地位），但随后突然变得闷闷不乐，不再说话，像个婴儿一样满地打滚（这时大脑右半球占主导地位）。这种情绪上的快速转变常常让成年人感到不知所措。不过，如果成年人能够对孩子表现出理解和关爱，孩子就会逐渐找到词语来表达他们的愤怒（这时大脑左半球占主导地位），而不是一言不发地满地打滚。

> Pour une enfance heureuse 　　经典案例

2 岁的穆拉德非常生气，因为他的姐姐刚刚夺走了他最喜欢的玩具。但当父亲对他说："我知道你非常生气，你想玩这个娃娃。我完全理解你的感受，但现在轮到你姐姐玩了。我们去散步，怎么样？"穆拉德的情绪立刻发生了改变，摆脱了愤怒的情绪，并高兴地向父亲伸出手，准备迎接新的冒险。

　　这个例子表明，当孩子生气的时候，如果成年人能够与他们交流并让他们感到自己被理解，他们的愤怒往往很快就会平息。随后，建议孩子去做他们感兴趣的事情，帮助他们脱离之前的情境，也会有助于促进他们的情绪稳定。

　　桑德兰博士认为，父母和周围的成年人在孩子的大脑发育和协调工作中起着非常重要的作用。每当孩子遇到问题时，成年人帮助他们更好地理解自己的感受，或用恰当的语言描述他们的情绪，有助于孩子的两个大脑半球和胼胝体之间的沟通网络正常运行。

　　在本章的结尾，需要再次强调这个基础概念：孩子的大脑仍处于快速发育阶段，这可以解释孩子那些令成年人困惑的行为。理解出现那些行为的原因，有助于成年人更好地理解孩子，采取更恰当的应对方式，并为孩子提供和谐的情感环境，促进他们健康成长。

　　如果孩子在充满关爱和安全感的环境中成长，不仅可以发展出良好的情商和社交能力，还能避免大脑在生理上甚至结构上的紊乱。如果出现这种紊乱，往往会导致孩子在童年、青少年时期或成年后产生情感和行为障碍。

POUR UNE
ENFANCE HEUREUSE

第 5 章

权威养育对儿童
大脑的永久损伤

所有的生物都会尽力保持机体的平衡。然而，当面临压力时，这种平衡就会遭到破坏。相较于成年人，成长中的孩子更容易受到压力的影响。沉重的压力会导致孩子的大脑受损，出现行为障碍甚至认知缺陷。

应激反应的两大调节系统

人体拥有两大系统来调节我们对压力的应激反应，分别是植物神经系统和神经内分泌系统。这两个系统帮助我们自我保护和自我调节，以应对压力带来的风险。当压力到来时，植物神经系统会立即做出反应，释放肾上腺素和去甲肾上腺素。这两种激素会使人的心跳加快、血压升高、支气管扩张、瞳孔变大。此外，大量运动和应激状态也会引起这两种激素的分泌。神经内分泌系统则会较晚做出反应，促使皮质醇分泌。皮质醇有多种生理功能，它可以提高人体在压力状态下的血糖水平，并影响皮肤、免疫系统、心脏、肾脏、骨骼和血液系统，同时对炎症反应和昼夜节律也有影响。

第 5 章
权威养育对儿童大脑的永久损伤

植物神经系统，也称为自主神经系统，其神经通路遍布全身。它分为两个部分：交感神经系统和副交感神经系统（见图 5-1）。这个系统受下丘脑控制，以自主且无意识的方式运作。

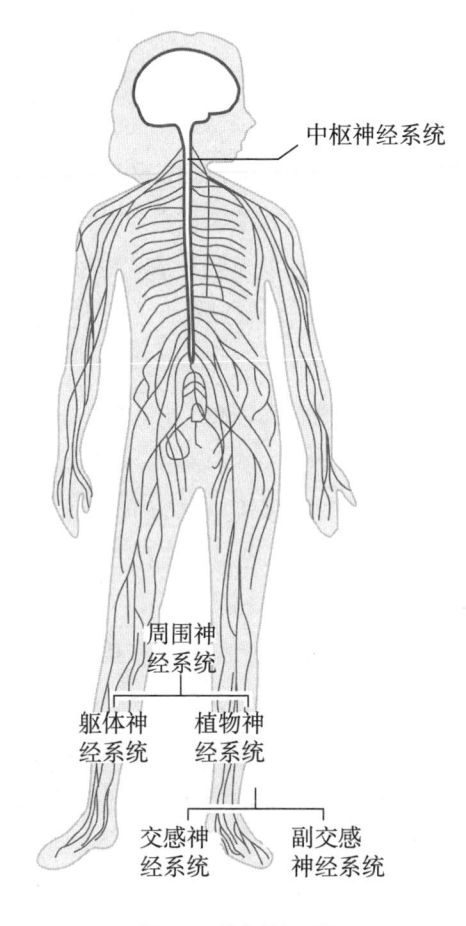

图 5-1 植物神经系统

交感神经系统作为一种激活器，为我们的行动做准备

这套系统刺激肾上腺髓质，促使其分泌肾上腺素和去甲肾上腺素，也称为"儿茶酚胺"。这些激素可以调动身体从生理和心理两个方面为行动做准备。当我们面对重大压力时，交感神经系统会指挥我们的身体做出战斗、逃跑或抑制的行动反应。

交感神经系统还可以促使人体的血管扩张、呼吸和心跳频率加快、心律失常、瞳孔放大、外周血管收缩、血压升高、出汗、免疫力降低、消化减慢、食欲下降等。如果长期受到儿茶酚胺的影响，血脂水平会升高，有动脉粥样硬化风险。

副交感神经系统舒缓和调节我们的情绪

副交感神经系统能够减缓身体内器官的兴奋程度，从而帮助人体积蓄能量。它还有助于平衡情绪，促进我们思考以及保持专注。

在副交感神经系统的作用下，人的心跳和呼吸减缓，血压降低，免疫力增强，消化功能得到提升。此外，副交感神经系统与神经递质、乙酰胆碱密切相关。神经递质是神经元之间传递信息的化学分子。乙酰胆碱参与记忆、学习和肌肉收缩。它能够使心率减缓、血管扩张、血压降低，气管、消化道和瞳孔收缩。

第 5 章
权威养育对儿童大脑的永久损伤

新生儿的植物神经系统尚未发育成熟

交感神经系统在婴儿出生时就已经形成,给予婴儿巨大的生命能量。副交感神经系统则要等到出生后第二年才开始发育,它能够对冲动起到抑制和调节的作用。由于副交感神经系统尚未发育成熟,婴幼儿无法控制体内旺盛的生命活力。

延时安抚会让孩子的交感神经系统变得亢奋

当孩子感到悲伤、焦虑、恐惧或处于压力状态时,如果周围的成年人没有及时以平和温柔的态度来安抚他们,他们的交感神经系统就会过度兴奋。如果这种情况反复出现,孩子将长期生活在巨大的压力之下,身体会分泌大量的肾上腺素和去甲肾上腺素,从而对他们的行为和身体健康造成严重影响。他们可能更容易被病菌感染,出现呼吸、食欲、消化和睡眠障碍,或者头痛、惊厥、慢性疲劳等症状。

及时安抚可以激活孩子的副交感神经系统

米尼的研究表明,母爱可以帮助副交感神经系统调节我们的情绪。当我们用平和的动作和温柔的态度来安抚一个焦虑的孩子时,他们的副交感神经系统就会被激活,进而调节因压力而被扰乱的身体机能,让呼吸、心率、消化系统和免疫系统恢复正常。

因此,婴儿周围的成年人可以帮助他们调节植物神经系统,而这是

Pour une enfance heureuse
非暴力养育

他们自己做不到的。孩子得到的安抚越多，他们的植物神经系统就越快恢复平衡，效果也越持久。

当孩子大哭时，他们正在经历他们自己无法控制的混乱状况。此时，对他们表现出一种理解、安慰和令他们感到踏实的态度十分重要。此外，这种温柔亲切的接触还可以促使身体分泌一些重要的抗焦虑物质，比如催产素和内啡肽等，我们会在第6章提到。

Pour une enfance heureuse　　　　　　　　　　　　经典案例

奥赛安、路易丝和卢卡斯3位小朋友在出生时都非常健康。当奥赛安哭的时候，她的父母接受了周围人的建议："让她自己哭一会儿，不然以后她一哭你就离不开了。"他们关上了孩子房间的门，有时甚至带上耳塞。奥赛安哭的时候感觉糟透了，很迷茫。当她需要安慰时，没有人在她身边。她变得越发不安，并且睡不好，哭得越来越厉害。

路易丝的父母和奥赛安的父母一样，对于孩子的哭泣不予回应。和奥赛安大哭大闹的性格不同，路易丝不哭不闹，也不呼唤她的父母。但她的内心深处，时常感到孤独、悲伤、沮丧和不安。她逐渐学会切断自己的感受，这样她就不会感到痛苦了。为了自我保护，她把自己缩在一个"壳"里，仿佛这样就感觉不到发生在自己身上的事。

与以上两种情况相反，从卢卡斯出生起，他的父母在他哭的时候就会安慰他。3个月大的时候，卢卡斯情绪稳定，机灵，但却爱哭。他也会突然哭闹，但是次数越来越少。他表现很好，充满安全感。他知道，如果自己需要安慰，父母就在他身边。

第 5 章
权威养育对儿童大脑的永久损伤

神经内分泌系统

神经内分泌系统即下丘脑－垂体－肾上腺轴（HPA 轴），包含下丘脑、垂体和肾上腺三个部分。它们会相互作用产生一系列激素反应。下丘脑分泌激素来调节垂体和植物神经系统，而垂体则分泌激素来激活肾上腺（或肾上腺皮质）。肾上腺是位于肾脏顶部的小腺体。这个神经内分泌系统对大脑和整个身体会产生多种影响，并在控制紧张和压力状态方面发挥着极其重要的作用。

压力：神经元受损的重要原因

当一个人长时间处于压力状态时，他的 HPA 轴就会一直处于亢奋状态，从而导致皮质醇的持续分泌（见图 5-2）。

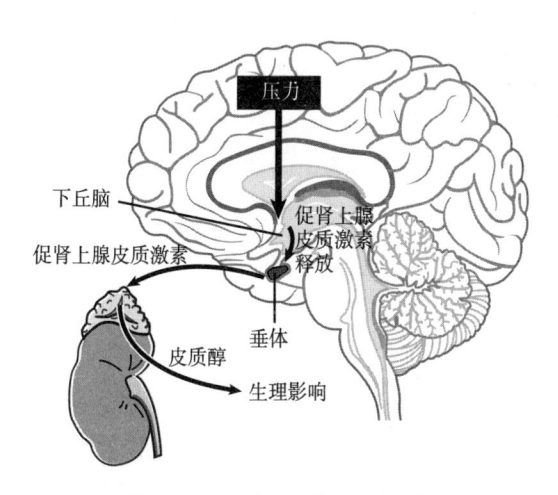

图 5-2 下丘脑－垂体－肾上腺轴

109

长期的压力状态会使 HPA 轴亢奋

皮质醇长期大量分泌会影响孩子的大脑发育,导致孩子产生情绪障碍,并在成年后出现高敏感、焦虑、抑郁等问题。

神经内分泌系统和植物神经系统在我们的情感生活和社交生活中起着至关重要的作用。这两个系统与前额叶皮质及前扣带皮质有双向连接,而这两个对我们社交生活至关重要的脑区,也会反向调节 HPA 轴、植物神经系统和杏仁核的活动。

压力会产生大量对人体有害的肾上腺素、去甲肾上腺素和皮质醇

当孩子陷入悲伤、焦虑、恐惧、愤怒等情绪,并且没有及时得到安抚和理解,只能独自哭泣嚎叫时,他们的身体会产生强烈的应激反应,情绪也会变得更加激动和紧张。他们的父母并没有去安慰他们,反而用严厉的话语和不当的行为对待他们,这种做法会让孩子感到更加孤独和痛苦。此时孩子的大脑会充满肾上腺素、去甲肾上腺素和皮质醇等压力激素,这些激素主要由位于肾脏上方的肾上腺髓质和肾上腺皮质释放。

去甲肾上腺素和肾上腺素是影响情绪的两种主要化学物质,它们由交感神经系统的神经纤维和肾上腺释放。当这两种物质处于正常水平时,我们充满能量和活力;但如果它们的含量过高,我们就会变得焦虑、

第 5 章
权威养育对儿童大脑的永久损伤

暴躁，被恐惧感支配，身体处于高度警觉状态，随时准备做出攻击、逃跑或退却等反应。

Pour une enfance heureuse　　　经典案例

3 岁的卢卡斯独自一人在看动画片，画面上出现了各种各样的怪物、女巫和狼，让他感到非常害怕。肾上腺素开始在他体内分泌，他开始心跳加速、出汗、身体僵滞。

适量的皮质醇有助于提高血糖水平和缓解焦虑情绪，但过量的皮质醇则会让人感到无力、沮丧、悲伤和不安。孩子在感受到威胁时会产生焦虑情绪，感觉周围的环境充满敌意，使他们的心理、情绪和知觉都被恐惧和危机感所笼罩。

长时间的皮质醇分泌还会影响身体的代谢和免疫力，引发一些慢性和自身免疫性疾病（糖尿病、多发性硬化症、类风湿性关节炎等），对孩子未成熟的大脑造成严重损害。

肾上腺素、去甲肾上腺素和皮质醇过量分泌所带来的负面影响会使孩子的心理和行为发生重大变化。孩子会失去自信，将他人和世界视为持续存在的威胁。这种长期的不信任感会导致孩子选择逃避、攻击或处于抑制状态。如果孩子选择逃避或抑制，他们就会陷入抑郁或自我封闭；如果他们选择攻击，就会变得暴力、不合群、冲突不断。生活对他们来说变得难以忍受。

> Pour une
> enfance heureuse
>
> 经典案例
>
> 4岁的杰德总是一副忧伤的样子,从未展露过笑容。在操场上,她总是独自一个人待在角落里,不管是与成年人还是与其他孩子交往,都让她感到害怕和不安。在家里,她的父母总是忙于自己的事情,完全忽视了她的存在,没有给予她足够的关注和关怀。
>
> 5岁的恩佐则是操场上的"小霸王",他经常打人,推搡别人,大喊大叫,随时准备打架。在课堂上,他躁动不安,无法专心听讲。在家里,他的父母经常对他施以体罚和言语上的羞辱。

舒缓压力的物质:催产素

催产素是一种非常有效的抗焦虑激素,能够缓解压力。它可以减少HPA轴和交感神经系统的活动,抑制皮质醇的分泌,并增加副交感神经系统的活动,从而使人感到平静。此外,催产素还能够降低杏仁核的活跃度,减少恐惧感,同时降低心跳和呼吸频率,进一步帮助人们放松身心。

压力对于儿童的大脑十分有害

研究表明,孩子在母亲子宫内和在婴幼儿期经历的压力会对他们的大脑发育造成严重的负面影响。虽然皮质醇作用缓慢,但可以在大脑中持续存在数小时、数天,甚至数周。当皮质醇的水平非常高且长时间持续分泌时,会对正在发育的大脑结构造成损害,降低神经细胞的分化,

第 5 章
权威养育对儿童大脑的永久损伤

破坏重要的神经元和神经回路的发育，损伤前额叶皮质、海马旁回、胼胝体和小脑等。纽约洛克菲勒大学神经内分泌学实验室主任、精神病学医生布鲁斯·麦克文（Bruce McEwen）指出，压力所带来的紧张状态可能是导致神经元损伤的原因之一。

压力还会影响神经回路的发育。皮质醇的分泌会直接改变神经纤维周围的髓鞘，从而加速神经冲动的传递。如果孩子在出生后受到了压力的影响，他的髓鞘纤维数量就会减少。麦克文的研究表明，过量的皮质醇会对脑源性神经营养因子（BDNF）产生负面影响。BDNF 在神经元的发育和大脑的可塑性方面具有重要作用。

幼年期容易受到压力影响的大脑结构

伦敦精神病学研究中心的赫莱德·哈特（Heledd Hart）综述了所有关于虐待行为对儿童大脑发育影响的研究，证实了虐待行为会对大脑不同结构造成损害。

海马旁回。海马旁回在记忆、学习和情绪调节中扮演着重要角色。它拥有丰富的糖皮质激素受体，这表明海马旁回在压力调节中也起着重要作用。这些受体可以与皮质醇结合，控制应激反应，并保护海马旁回免受过量的皮质醇的侵害。米尼曾指出，父母高质量的照顾和频繁的身体接触可以促进糖皮质激素受体的生成，从而降低海马旁回暴露在大量皮质醇中的风险，保护它免受压力带来的侵害。然而，当孩子在幼年时期遭遇巨大压力时，过量的皮质醇会严重影响海马旁回的生长和发育，减少神经突触的形成，甚至导致神经元死亡。

孩子在遭遇压力时，可能会出现不同程度的病理特征。严重的压力会导致记忆力减退、焦虑甚至惊恐发作，以及分离障碍，包括自我认知障碍和人格解体。这些症状通常是创伤后应激障碍（PTSD）的常见表现。

杏仁核。杏仁核在恐惧反应、逃跑或攻击冲动以及记忆中扮演着重要角色。在幼儿期受到的压力可能会使杏仁核中血清素和 γ-氨基丁酸等神经递质的功能发生重大改变，进而导致孩子产生无法控制的暴力行为。多巴胺对人体的许多基本功能有着重要影响，涉及运动控制、注意力、动机、快乐、睡眠、记忆和认知。此外，多巴胺在酒精和药物成瘾过程中起着根本性作用。血清素在睡眠、心境、食欲、疼痛和体温调节等过程中发挥作用。γ-氨基丁酸则在调节焦虑情绪上发挥着作用，它也参与运动控制和视觉等方面。米尼的研究表明，母爱行为可以刺激杏仁核和海马旁回糖皮质激素受体的分泌，降低血液中的皮质醇水平，从而减少压力带来的负面影响。

大脑皮质。前额叶皮质对思考力、责任心和道德感的形成至关重要。前额叶皮质对压力非常敏感，其丰富的糖皮质激素受体可以与皮质醇结合。然而，幼儿期所受到的巨大压力会影响前额叶皮质的健康发育，导致神经元受损或体积减小。根据威斯康星大学杰米·汉森（Jamie Hanson）的研究，孩子在出生后的前几年所遭遇的压力会使其眶额区发生改变，从而直接影响其情感和社交生活。幼童的眶额区

第 5 章
权威养育对儿童大脑的永久损伤

尚未发育成熟，因此更容易在幼年期受到压力的影响。汉森对 72 名儿童进行了研究，发现 31 名遭受过身体虐待的孩子的大脑体积总体较小，尤其是眶额区和前额叶背外侧区。这些孩子还表现出行为障碍、食欲缺乏和抑郁等症状。未遭受虐待的孩子的大脑则没有表现出这种异常。当孩子的成长环境极其恶劣时，由于其前额叶皮质尚未发育成熟，无法应对更多的压力，也无法使杏仁核得到安抚，这时孩子可能会表现出逃避行为来躲避压力。但当孩子无可逃避时，由于其杏仁核处于亢奋状态，又会表现出攻击性。相反，当孩子成长于理想的环境中时，其前额叶皮质能够有效地安抚杏仁核，避免出现激烈的情绪反应。因此，我们需要重视和改善孩子的生活环境，为他们创造更加健康、更加积极的成长环境。

胼胝体。童年早期的压力可能会影响胼胝体的发育，并损害其神经元，从而阻碍两个大脑半球之间的有效沟通。

小脑。小脑也含有丰富的糖皮质激素受体。当一个人遭遇巨大压力时，过多的皮质醇可能会破坏小脑的神经元，导致其在情绪调节、社交行为、认知和语言等方面出现障碍。研究表明，压力对小脑的影响与对其他脑区的影响类似。

生命初年：塑造大脑的关键时期

如果孩子在成长过程中的某些关键时期缺少关爱或受到虐待，就会对他们成年后的情感平衡造成不可逆的损害。第一个脆弱时期是在母亲的子宫内，如果在这个时候母亲遭遇巨大的精神压力，就会影响胎儿的发育。出生后的前几年被认为是关系到社交和情感的神经回路形成的关键时期。反复遭受负面体验可能会对孩子以后的生活造成严重影响，导致其产生注意缺陷与多动障碍（ADHD）、焦虑、行为粗暴、反社会行为等问题。

最新研究表明，在孩子生命的最初几年，我们对待他们的方式会对他们成年后的生活产生深刻的影响。因为孩子的大脑在应对压力时所分泌的各种分子会导致他们在情绪和注意力的调节与控制方面出现严重问题，这种影响有可能伴随一生。有时候，童年早期遭遇的创伤后遗症并不会立即表现出来，而是到青少年期甚至成年早期才会显现出来。

主要的压力事件

孩子在出生后的最初几年，遭受肉体、精神或情感上的虐待，如性侵害、被忽视或被遗弃，都会给他的健康成长带来严重的后果。其中，被忽视和被遗弃的危害最大。这些经历会严重影响孩子前额叶皮质的发育，妨碍其情绪和注意力的调节。

孤儿院中的孩子经常会出现大脑紊乱以及心理和认知障碍，如抑郁、焦虑、躁动、注意力不集中、行为粗暴、学习障碍等。不过，如果他们能在2岁前被收养，这些问题就比较容易得到逆转。

第 5 章
权威养育对儿童大脑的永久损伤

Pour une
enfance heureuse

经典案例

X 女士是一位 35 岁的幸福女人,她和心爱的伴侣以及两个孩子一起生活,拥有一份自己喜欢的工作:室内设计师。然而,当她回顾自己的人生时,她不得不承认自己曾经历过一段艰难的时期。

在讲述自己的经历时,她说:"我不知经历了多少苦难才走到了今天!在我生命的早期,我和患有精神分裂症的母亲一起生活。由于母亲病情不稳定,只能在病情相对稳定时照顾我,大部分时间我被完全忽视,独自一人待在家里。母亲常常酗酒,我整个人又脏又瘦。后来,在我 4 岁时,母亲住进了医院,我由外婆抚养长大。我永远感激她,尽管她已年迈,但她知道如何正确地爱我、关心我、重视我。和外婆在一起生活的最初几年非常艰难,我情绪不稳定,脾气暴躁,经常做噩梦。渐渐地,她学会了如何让我平静下来,她保证要好好培养我,帮助我找到自己的人生道路。当然,后来我偶尔也会出现情绪不稳定的情况,但这种情况不会持续太久。我不断对自己说:'现在我有一个爱我的丈夫,两个我爱的孩子,还有一份我喜欢的工作。'这些话让我振作起来。"

30 岁的 Z 女士带着她 5 岁的女儿来向我寻求帮助,她说:"我的女儿真的让我无法忍受,您能否帮我解决这个问题?"在咨询期间,她向我讲述了她的故事:她的父亲是一名卡车司机,性格暴躁,尤其是在酗酒后会对她又打又骂。"他会用皮带狠狠地抽我,我越大声哭喊,他抽得越狠。尽管如此,我的母亲却纵容他这种行为,没有阻止他打我,这让我非常愤怒和失望。为此,我离家出走了好几次。从 14 岁开始,我就四处流浪,经常混迹在咖啡馆和酒吧。我交了很多男朋友。17岁时，我因为自杀未遂而住院。我无法控制自己的情绪，对生活感到迷茫和无助。我感觉自己一无是处，并为此感到难过。虽然我做过一些零工，但从没有好的结果。我对女儿感到焦虑不安，不知道如何应对。我常常对她大喊大叫，甚至打她。后来，我决定和她的父亲离婚，独自抚养她。我不再相信男人。"

孩子在童年期遭遇的不幸经历，可能会导致他们变得警惕且难以与他人建立正常的关系，常常陷入无助和焦虑的情绪中。这些压力事件还可能埋下一些隐患，如攻击性、犯罪、酒精或药物成瘾、人格障碍、边缘型人格、自恋、强迫和偏执型人格、病理性焦虑、严重抑郁、自杀倾向以及学习困难等。其中，体罚孩子是一种常见的童年压力事件。根据伦敦儿科研究所教授鲁斯·吉尔伯特（Ruth Gilbert）的总结：体罚孩子可能给孩子的成长带来多种不良后果，如肥胖、行为障碍、酒精和药物依赖、危险性行为、自杀倾向，甚至犯罪行为。这些后果往往会在孩子青少年期或成年后才显现出来。

复原力

我们无法预测孩子的未来，他们的成长取决于基因遗传、性格特质和所遇见的人对他们的影响，他们有可能在不同程度上需要从童年阴影中走出来。有些人会发掘自身的内在力量，走出阴霾，虽然心中仍留有一些痕迹，但他们拥有"反弹能力"，这种反弹能力即复原力。复原力能让那些经历过创伤的人也有可能拥有正常、幸福的生活。

第 5 章
权威养育对儿童大脑的永久损伤

然而，有些人却无法从童年的创伤中解脱出来，他们的社交和感情生活将被摧毁。一些孩子在童年期就表现出严重的心理创伤综合征，日夜不停地受到那些创伤的折磨，被噩梦纠缠不休，难以入眠。这些孩子常常表现出爆发性的愤怒，注意力无法集中，孤僻，对周围的人和事无动于衷，他们自己也十分痛苦。

为什么会存在这样的差异？这个问题十分复杂。这一领域的许多研究表明，孩子在家庭和社会生活中受到的关爱、支持和鼓励是影响复原力最为重要的因素之一。

在 20 世纪 80 年代，美国心理学家埃米·沃纳（Emmy Werner）和鲁斯·史密斯（Ruth Smith）首次提出了"复原力"的概念，并通过长期追踪研究 643 名于 1954 年在夏威夷出生的儿童，来探究影响个人复原力的因素。该研究至今仍在进行，目前的研究表明，家庭和社区环境、个人调节情绪和建立人际关系的能力是决定个人复原力的重要因素。尽管环境因素至关重要，但孩子的性格对他们的复原力和未来发展也起着根本性作用。

压力影响：改变儿童的性格

孩子的性格会显著地影响他们应对创伤经历的方式。性格体现在个体独特的存在方式和应对方式上，其中包括情绪易感性、活力程度、持续注意力、脾气、对变化的适应性、对新环境或人的吸引力，以及感官敏感度等因素。因此，这些差异在不同孩子之间可能是巨大的。

在婴儿期，孩子的性格就已经开始显现。一些孩子刚出生就对陌生的视觉、听觉和嗅觉刺激表现出强烈反应，如大声哭叫、情绪激动或躁动不安。这些婴儿通常被称为"高需求宝宝"，而他们长大后可能更容易产生压抑、恐惧和焦虑情绪。相反，其他一些孩子则表现得非常安静，甚至对新事物充满好奇。这些孩子在出生后的第二年会显得更亲近人、更勇敢、更爱冒险。

孩子的性格与父母的应对方式之间存在着相互作用。孩子的性格会影响父母对待他们的方式，反之亦然。

然而，性格、情感和社会环境因素并不能完全解释这种复原力上的差异。最近的大量研究表明，复原力也与遗传基因有关。

一些基因参与到复原力的形成过程中，例如血清素的转运基因 5-HTT、单胺氧化酶 A 基因（MAOA）以及多巴胺受体 D4 基因（DRD4）等。

5-HTT 基因将血清素运送到大脑的不同区域。这个基因分为长链和短链两种。如果我们拥有长链基因，那么我们在经历创伤时所做出的应激反应就是与这段经历的剧烈程度和持续时间相对应的"正常"反应。相反，如果我们拥有短链基因，面对压力事件出现负面反应的风险就比较高，会有更高的抑郁倾向及自杀倾向。拥有短链基因的孩子在调节情

第 5 章
权威养育对儿童大脑的永久损伤

绪和社交方面会遭受更多的困难。

单胺氧化酶 A 基因（MAOA）则有"高表达"和"低表达"两种类型。如果孩子拥有的是低表达型基因，童年时期的负面经历对他的影响会相对少一些，成年后出现酒精依赖和反社会倾向的风险也相对较低。当回忆起创伤性经历时，高表达型基因就会过度刺激海马旁回和杏仁核，产生令人难以忍受的痛苦。相反，低表达型基因则会让海马旁回和杏仁核平静下来，降低创伤所带来的痛苦程度。

多巴胺受体 D4 基因（DRD4）在遇到不幸事件后的复原过程中起着重要作用。当孩子生活在冷漠疏远的环境中时，他们的内心会产生一种不安全感，他们会变得令人"难以忍受"，以这种方式获得他人的关注。带有 DRD4 基因变体 DRD4-7 的孩子似乎能够更好地承受这种环境。

因此，如果孩子在出生后的最初几年生活在非常恶劣的环境中，影响他们复原力的因素是多种多样的。然而，和睦的家庭氛围以及孩子与周围成年人的接触仍然是其中最重要的因素。针对这个问题，美国和荷兰的几位学者合写过一篇关于儿童脆弱性和复原力因素的论文。

紧张日常：孩子每天面临各种"小压力"

与那些严重的情况相比，孩子其实每天都要面临许多微小的压力。一大早，父母就开始着急，因为他们不想上班迟到。他们必须先把孩子送到保姆家、托儿所或幼儿园,所以他们会不停地催促孩子:"快点,没时间了!"

然而,父母和孩子生活在不同的世界中。孩子在五六岁之前并没有时间观念,他们积极地活在当下,喜欢慢慢做事、胡思乱想、玩耍、编故事,还活在各种想象中,没有责任意识。这就产生了一个问题:早上起床、洗漱、穿衣服、吃早饭,对他们来说都需要不少时间,而这与父母的意愿完全不同。于是,父母开始变得焦躁,不停地催促孩子:"快点,我们要迟到了!赶紧穿衣服吃饭,别拖拖拉拉!"然而孩子却仍按照自己的节奏,慢慢悠悠,不急不躁,这进一步加剧了父母的愤怒和不理解:"他就是不听话!我说什么都没用!我们要迟到了,他还不当回事。他就是故意的,我敢肯定,他在成心气我!"

到了吃饭时间,他们不想上桌。即使好不容易坐下,他们也永远不会像父母所期望的那样吃饭。他们不饿,也不喜欢父母给他们准备的食物。结果,原本温馨的晚餐变成了一场激烈的"战斗",弥漫着紧张、愤怒、沮丧和误解的气氛。

到了晚上,父母的压力又增加了。孩子需要洗澡、写作业。"晚上我不想让孩子睡得太晚,我想让他8点就睡觉,所以我得一直催他,这都是为了他好……然后我和他爸才能安静会儿,喘口气。"但是孩子却不想加快速度,他们想玩,也需要玩,想平平静静地享受和父母在一起的时光,不想被不停地催促和唠叨。

第 5 章
权威养育对儿童大脑的永久损伤

以上关于父母和孩子之间关系的简单总结，描述了日复一日的各种紧张和压力事件。这种压力让父母和孩子都感到筋疲力尽。

虽然这些情况单独看都不严重，但是这些微小的压力日复一日的重复会永久性地破坏亲子关系。孩子会感到烦躁、紧张、悲伤、恐惧、愤怒、焦虑，且认为自己被误解，让他们感到无所适从。有时候，父母会误认为孩子真的有行为障碍，又会感到担心、无助或自责。

同时，父母有时也会认为自己的孩子存在性格缺陷，觉得孩子任性、专横，像个小皇帝什么事都得依着他们，因此必需"驯服"他们。父母失去耐心，对孩子变得越来越不耐烦，从而加剧了亲子关系中的冲突。

此外，孩子还会面临来自家庭之外的压力，例如在保姆家、托儿所或学校中的压力，可能会使孩子变得更加脆弱。

Pour une enfance heureuse　经典案例

汤姆已经两岁了。早上 8 点，父母要把他送到离家步行 20 分钟距离的保姆家。汤姆刚一睁眼，父母就对他说："我们得快点，要迟到了。"但汤姆还没完全醒来，父母已经开始飞快地给他换衣服了。汤姆觉得被催促，他需要安静地醒来，需要一个拥抱。于是他哭了起来……

路上，父亲想着自己一天的工作，需要提交的报告，还要完成的会面，老板最近对他百般刁难。当他们来到保姆家时，已经有两个孩子在哭了。保姆告诉他们："我丈夫刚住院，明天我没法照看你儿子了。"

晚上7点，汤姆的妈妈来接他，她已经很疲惫了。汤姆很高兴见到妈妈，她温柔地吻了吻他，但马上就说："快，我们得赶紧走！"在路上，她走得很快，汤姆没有时间闲逛，没法悠闲地看看路人，看看街边的橱窗和灯光。

回到家后，汤姆必须迅速洗个澡，狼吞虎咽吃完晚餐，然后在和父母亲密共处5分钟后就必须上床睡觉。但他通常是晚上8点半才睡觉，他真希望能和父母多待一会儿。

为了让孩子不那么手忙脚乱，父母可以把闹钟调早一点，这样孩子会有更充足的时间做好准备。尽可能地放慢节奏，早点回家，花点时间给孩子一个拥抱，和他聊聊天，这对父母和孩子都有好处。

恐惧教育：儿童大脑成熟的绊脚石

恐惧和压力会从多方面影响孩子，阻碍大脑中负责控制情绪的区域发育成熟。因此，成年人在教育孩子时，应该认识到恐惧教育的负面影响。

成年人的恐惧教育有两面性。一方面，成年人通过威胁、瞪眼、大喊大叫，甚至打孩子等方式，制造恐惧来"降伏"孩子。另一方面，成

第 5 章
权威养育对儿童大脑的永久损伤

年人自身可能长期处于恐惧之中，并把这种恐惧传递给孩子。这两种恐惧对于幼儿来说都是有害的。

在这个极其敏感的年龄段，孩子对于快乐和生活的渴望，有可能受到抑制，也可能受到鼓励。因此，如果孩子处于危险的环境中，我们当然要先让他们脱离危险。相反，如果没有危险，我们应该鼓励孩子："去吧，不过要小心点。" 8～14个月大的孩子，刚刚学会走路，开始通过触摸来探索世界。虽然他们可以听懂成年人说的"不行，别碰这个"，但并不明白"禁止"的含义。因此，当我们对孩子说"不"的时候，应该平和地表达出来，别吓着他，温柔地让他们把注意力转向别的事物，带他们远离危险，并用简单的话语告诉他们为什么这很危险。

Pour une enfance heureuse　　　　　　　　经典案例

16个月大的凡妮莎可真是个好动的小家伙，对什么都充满好奇。她偷偷摸摸地找到妈妈的手提包，并将它翻了个底朝天。然后，她找到了一支口红，模仿妈妈，把它塞到了自己的嘴里。妈妈看见了，马上轻轻地把口红从她的小嘴里取出来，并温柔地对她说："亲爱的，不可以这样，否则你会被噎着。"然后，她还告诉凡妮莎，她的包里有好多值钱的东西，所以她要把它放在高处，她可不想弄丢。凡妮莎哭了，她很不开心，甚至有点生气。妈妈抱起她，拿来她最爱看的书，温柔地哄着她。凡妮莎很快就平静下来。

Pour une enfance heureuse
非暴力养育

当然，我们得为孩子提供一个适合他们的环境。要把那些危险、易碎或者对我们很珍贵的东西放在他们够不着的地方，以免出现意外。否则，成天跟孩子说"这很危险，别过去"就会压抑他们对生活的好奇心，以及他们前进、探索、发现的欲望。这会让他们承受不必要的压力，变成胆小怕事的孩子。

Pour une enfance heureuse　　　　经典案例

> 萨沙17个月大，是家里的第一个孩子。他的妈妈在家全职照顾他。自从萨沙学会走路之后，就一直被关在围栏里，尤其不可以进厨房和浴室，以防发生意外。虽然萨沙没有做过什么"傻事"，但慢慢地，他变得有些自闭、忧伤，他的父母却不明所以。其实，萨沙需要四处走动，去探索，去观察周围的环境，这样他才能感受到自己的活力。他渴望享受触摸、感受和近距离观察新事物所带来的乐趣。可是他的父母总是担心他会受伤，或者弄坏东西，这让他失去了应有的活力。

我们可以用平和的方式为孩子划定界限，如果孩子想要接近危险区域，我们可以用一些有趣且安全的活动来转移他们的注意力。这对于年龄较小的孩子来说是很有效的，可以缓解他们的紧张情绪。随着孩子年龄的增长，他们会逐渐理解危险是什么，从12～14个月开始，孩子进入说"不"的高峰期。在这个阶段，孩子开始建立自我意识，会坚定地表明自己想做的事情。这个阶段通常会持续几个月。

第 5 章
权威养育对儿童大脑的永久损伤

共情与温柔：有效划定孩子的行为界限

为孩子划定界限和为我们自己划定界限的前提是一样的，不能伤害到自己和他人。为孩子划定界限非常重要，关系到孩子的安全和教育孩子如何与他人相处。但更重要的是，我们如何向孩子传达这些界限。

如果我们以温柔、耐心和符合孩子年龄的沟通方式来传达，他们就会平和地领会并接受。如果我们用强制的方式去要求孩子，那么亲子关系就会受到损害，孩子就会变得叛逆或者畏缩。然而，划定界限并不是教育的核心。我们经常听到"不能由着孩子的性子来，得让他们学会面对挫折，遵守规矩"这样的话，似乎这就是教育的关键。但生活本就充满了挫折，没有必要刻意添加。教育孩子的核心是向他们传达我们自己的价值观。如果仅仅依靠划定界限来传达价值观，而忽略了生活中充满快乐和创意的那一面，我们就会培养出一个畏首畏尾的、不快乐的孩子。他们与生俱来的好奇心也会被成年人扼杀。

当父母一直说"不"却没有提供其他选择时

当父母一直说"不"却没有提供其他选择时，孩子会模仿父母，采取和他们一样固执的态度，经常说"不"，并且这个说"不"的阶段会持续很长时间，导致不必要的亲子冲突，阻碍孩子进入一个对他们来说更有趣的阶段，在那里他们可以说"是"，并享受生活。惩罚孩子，让他们感到害怕，也是非常有害的。这会让孩子对成年人产生惧怕，而不是尊重。

Pour une enfance heureuse
非暴力养育

学会化解冲突

　　家庭冲突是孩子主要的压力来源。许多研究表明，在家庭中调节冲突的方式，会对孩子在当前和未来的人际关系中的表现产生深远的影响。孩子从很小的时候就开始了这种学习，如果他们每做错一点事情，成年人就怒气冲冲地责骂："你怎么能这么做，真是不可救药，我管不了你。"孩子会被吓到，父母的愤怒让他们心烦意乱，生出无法克服的挫败感。除了为没有达成自己的愿望而感到沮丧，他们还会感到恐惧、愤怒、不理解、悲伤，并对父母产生不信任。于是他们开始哭泣、大喊大叫、试图攻击父母或者愤怒地丢出玩具。这种愤怒让他们无法思考、无法理解不让他们做这些事情的原因。孩子内心深处对于父母的不信任感会深深伤害亲子关系。父母对他们的孩子也显得无能为力，因为他们一直以为可以通过教训和惩罚来让孩子知道正确的行为方式。事实上恰恰相反，孩子可能会因为害怕成年人而表现出服从，但他们并没有因此将这些行为方式记在心中。我们经常说的"小霸王型"孩子，通常就是他身边成年人的态度写照。当一个孩子被贴上这样的标签时，观察一下他身边的成年人，你会发现孩子其实就是在模仿他们。

　　相反，如果成年人不轻易让步，而是以平和耐心的方式与孩子沟通，那么孩子就不会因为成年人的态度产生恐惧或愤怒。通过这种方式，孩子可以慢慢理解"因为这样或那样的原因，所以不能做某事"，并学会在被阻止做某件事情时，保持平静，避免制造不必要的心理冲突。即使因为不能做一件事而产生愤怒情绪，这种情绪也不会持续太久。孩子会很快理解或认识到其中的原因，他们也会保留对父母的信任，维持良好

第 5 章
权威养育对儿童大脑的永久损伤

的亲子关系，这是非常重要的。此外，他们也可以轻松地从失望的情绪中恢复平静，然后继续玩耍。

心理学家丹尼尔·戈尔曼（Daniel Goleman）认为，及时摆脱失望和沮丧的情绪是获得幸福的关键之一。尽管失望和沮丧难以避免，但恢复得越快，在生活中获得快乐的能力就越强。

然而，如果孩子经常目睹父母争吵、相互攻击甚至实施暴力行为，且双方都坚持自己是对的，那么孩子可能会模仿这种行为，对同伴做出相同的事，变得专横霸道。此外，这种经历还可能对他们的大脑和行为模式产生负面影响。事实上，目睹家庭暴力对孩子而言是一种创伤经历，可能导致抑郁、焦虑、攻击性行为等后果，甚至引发创伤后应激障碍。

哈佛大学学者崔吉旭（Jeewook Choi）对曾目睹过家庭暴力的年轻人的大脑进行了研究。实验组的 20 人在 3～16 岁曾目睹过家庭暴力，平均时长达 9 年；而对照组的 27 个人则生活在和睦的家庭中。研究人员发现，实验组的人的大脑皮质连接不同区域（额叶、颞叶和枕叶）的神经回路中，髓鞘化的过程发生了改变，而对照组的人未有异常。这些年轻人表现出不同程度的抑郁、焦虑、躯体化症状，甚至出现了分离障碍。

这并不意味着父母完全不能表达不同的观点。事实上，如果孩子看到父母尽管存在观点上的分歧，但依然能够正常交流、倾听、相互理解、相互尊重，那么孩子也能够从中学会如何与同龄人建立更和谐的关系。

> **养育的洞察**
> Pour une enfance heureuse

建议父母、教育工作者"学习"共情。无论是与伴侣、孩子还是学生，以共情的方式与他们交流是一种可以学习和培养的技能，并在与他人交往的过程中不断提升这一技能。

在没有共情的环境中长大的人，要做到心平气和地与他人交流可能会很困难。但有很多有益的小组实践，比如菲博-马兹利什的非暴力沟通工作坊等，就可以帮你实现这一目标。这不仅是一种学习过程，也是一种互助和彼此支持的过程。

学会如何有质量地交流可能听上去有点奇怪。但实际上，工作坊的经验表明，绝大多数人只是在表达自己，缺乏共情，从而导致沟通困难。当我们说话时，习惯于要求、评判、推诿、指责，希望自己成为有理的那一方，但这种交流方式往往会损害我们的人际关系。

压力与染色体：童年经历的深远影响

我们所接受的教育范式会影响我们的基因表达，影响我们为人处事、应对压力以及认知的能力层面。米尼是最早揭示这些现象的学者之一。其研究结果证实，母亲受到的压力会对孩子造成持久的负面影响，并且这种压力在临床上和基因上都会代代相传。

有一句古老的谚语非常适用于这一结论：一位父亲能为孩子做得最

第 5 章
权威养育对儿童大脑的永久损伤

好的事,就是爱他们的母亲。处于压力状态下的母亲往往精神恍惚,对孩子的需求不够敏感,同时又对孩子非常苛刻。因此,让母亲感到幸福应该成为首要任务。

基因

所有生命体的细胞核内都包含基因,这些基因是遗传信息的编码单位,负责将这些信息从一代传递到下一代。基因是 DNA 的特定区段,它们在染色体上的特定位置起到编码功能(见图 5-3),控制生物体的各种特性和功能。染色体的数量和结构因生物种类而异。例如,在人类中,每个细胞核内包含 46 条染色体,即 23 对同源染色体(见图 5-4)。这些染色体上的 DNA 包含了细胞正常生长、发育和功能所需的所有指导信息。当细胞进行分裂时,DNA 会进行复制,确保遗传信息在细胞间得以传递。这套遗传信息,经由 DNA 编码,形成生命体的基因组。

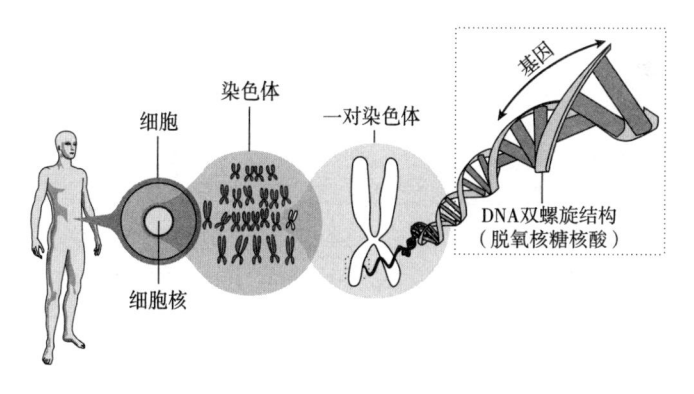

图 5-3 基因是 DNA 的特定区段

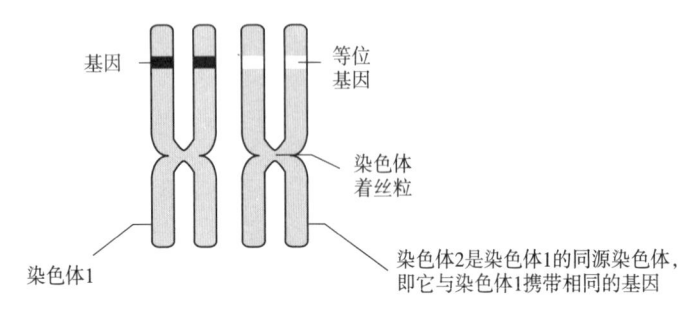

图 5-4 染色体配对

在人类的生命周期中，基因按照其编码的信息来指导生物体特征的表达，但这种表达并非固定不变。基因的活跃度或沉默状态会随着生命过程、环境因素和其他外部刺激发生变化。某些基因可能在特定条件下保持不活跃或"沉默"状态，而在其他条件下则开始"活跃"并指导相应的蛋白质合成。

此外，最近的研究已经揭示了环境和生活习惯如何通过影响基因表达模式来改变我们的生理和健康状况。这种不改变基因序列但改变基因表达的现象被称为"表观遗传"（见图 5-5）。

许多环境因素，如食物、有毒物品、家庭和社会环境，都可以改变基因的表达。父母的照料和孩子成长的环境可以直接影响基因的表达。压力是其中影响最大的因素之一。

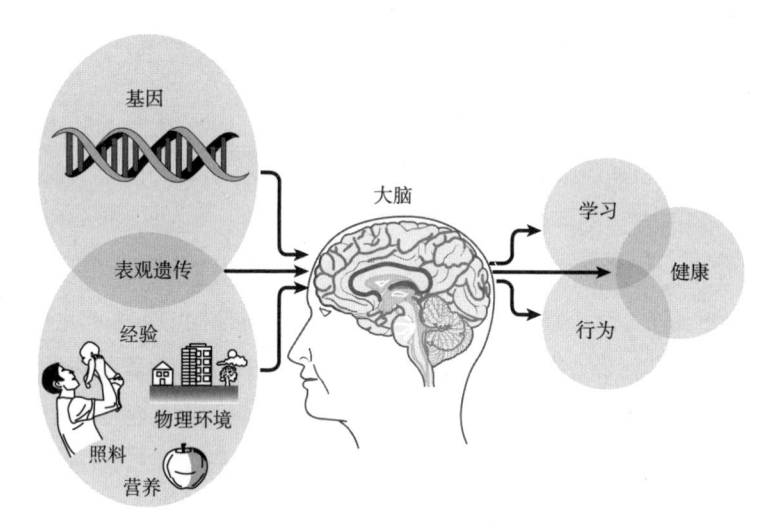

第 5 章
权威养育对儿童大脑的永久损伤

图 5-5 表观遗传

童年时期的压力会减少端粒

端粒位于染色体的末端（见图 5-6）。它的主要功能是维护染色体的完整性，以避免因时间和外部环境影响导致的损伤。随着细胞分裂次数的增多，端粒逐渐缩短，这种缩短导致细胞的最终死亡。幼年期经历的压力和创伤会加速端粒的缩短，从而加速细胞的老化。此外，端粒的缩短与

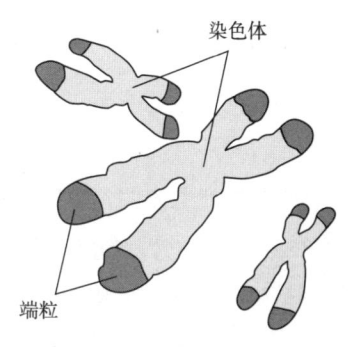

图 5-6 染色体和端粒

133

年龄相关的疾病风险提高以及预期寿命缩短有密切关系。

环境变化会引起一些可逆的表观遗传调整。尽管人类的基因表达在整个生命周期中都在持续进行，但在胎儿发育阶段和出生后的最初两年，基因表达格外敏感，容易受到环境的影响。因此，我们应该格外关注孕妇和婴幼儿所处的环境。孩子在这个时期接收到的各种刺激，无论是声音、触感，还是周围环境，都会对他们的未来产生影响。这些刺激可以是深情的声音和抚摸，也可以是噪声、生硬的语调、冷漠的态度、打骂和香烟的烟雾等，它们均被大脑识别为信号，当这些信号非常强烈或不断重复时，就会触发DNA的修饰并激活一系列生物化学反应。特拉华大学纽瓦克分校的研究员塔尼亚·洛斯（Tania Roth）对这些在发育关键期影响和改变大脑结构的表观遗传机制进行了综述。

母性关爱：孩子大脑发育的加速器

母鼠照料对幼鼠的影响

大鼠的研究表明，母鼠的照护行为会对其后代认知、情绪和神经内分泌应激反应的神经系统发育产生直接影响。米尼及其团队研究了母鼠照护行为对新生大鼠的行为模式及其DNA的影响。他们重点研究了NRC31基因，该基因负责调节体内皮质醇分泌。皮质醇是一种具有多种生理功能的分子，当生物体处于压力状态时，它会使血糖水平升高，

第 5 章
权威养育对儿童大脑的永久损伤

并影响皮肤、免疫系统、心血管、肾脏、骨骼、血液系统、炎症反应和昼夜节律。适当浓度的皮质醇是有益的，但长时间高水平的皮质醇会破坏机体的代谢和免疫功能，加速慢性病和自身免疫性疾病的发展，对尚未发育成熟的儿童大脑造成严重的损伤。

幼鼠出生后的头 12 小时至关重要。此时，关键的表观遗传现象——基因甲基化在 NRC31 基因上表现尤其明显。该基因会产生一种有助于降低体内压力激素的蛋白质，这种蛋白质是构成海马旁回中糖皮质激素受体的关键成分。这些受体数量的变化会调节血液中皮质醇的浓度，进而控制 HPA 轴的活性和个体在压力下的反应敏感度。因此，母鼠的呵护对幼鼠的生长环境、认知及情感调节具有显著的作用，这也进一步证明了儿童早期所处的环境对于神经发育和健康的重要性。

在这关键的 12 小时内，如果母鼠对幼鼠进行呵护和哺乳，幼鼠的海马旁回会产生更多的糖皮质激素受体，这会导致血液中的皮质醇水平下降。这些接受过母性照料的幼鼠在成年后表现得更为沉稳、积极，敢于跨越障碍，更容易学习和记忆。相反，没有在这 12 小时内得到母鼠照料的幼鼠，其海马旁回中糖皮质激素受体数量减少，血液中的皮质醇含量相对较高，HPA 轴长期处于活跃状态。这些幼鼠表现得更为胆怯、紧张，不敢跨越障碍，且其学习速度相对较慢。最终，那些与母鼠完全分离的幼鼠会面临极大的压力，其海马旁回中的糖皮质激素受体稀缺，HPA 轴持续处于高度活跃状态。

实验表明，幼鼠在出生后的头几个小时内受到母性照料程度，将深

Pour une enfance heureuse
非暴力养育

度影响应激激素的基因表达和海马旁回的成熟过程。被母鼠舔舐和充分照料的幼鼠，会展现出 NRC31 基因的更强活性（见图 5-7），而这一基因与大鼠的抗压能力密切相关。

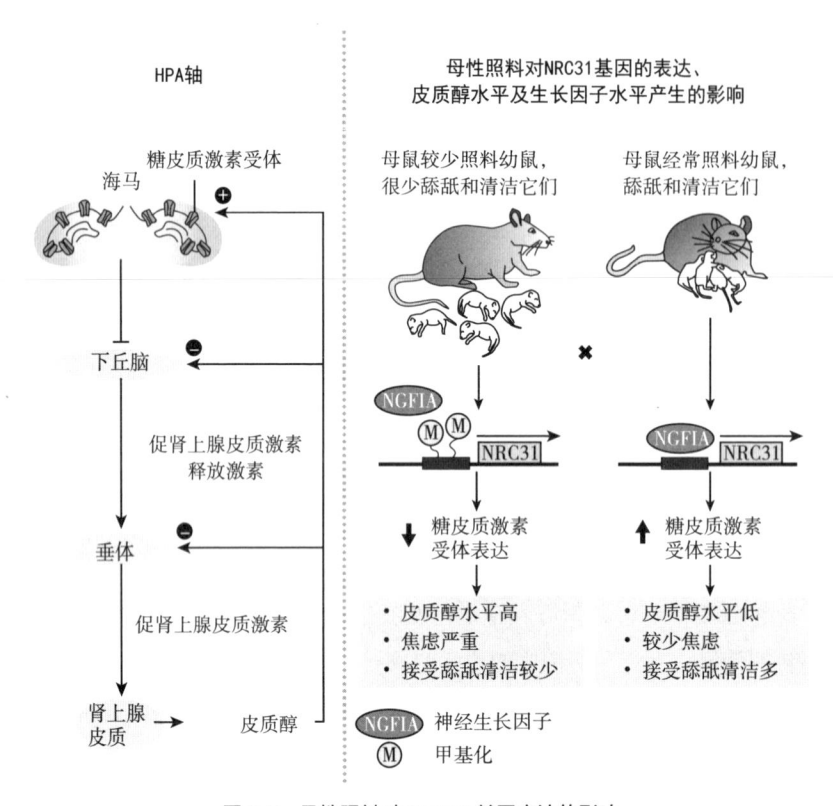

图 5-7　母性照料对 NRC31 基因表达的影响

在缺乏母性照料的幼鼠的海马旁回神经元中，与 NRC31 基因相关的开关存在缺陷，这会导致糖皮质激素受体数量降低，血液中的皮质醇

第 5 章
权威养育对儿童大脑的永久损伤

含量增加，加剧了压力状态下的负面效应，同时它们的海马旁回突触发育也较差。相反，在受到母鼠良好照顾的幼鼠的海马旁回中，NRC31基因功能正常，海马旁回中存在相当数量的糖皮质激素受体，从而缓解了压力带来的负面效应，同时海马回的突触也发育良好。

NRC31 基因表达的改变会遗传给下一代

未受到母性照料的小鼠会将在基因层面发生的变化传递给后代，导致后代更容易受到压力的干扰。此外，那些在成长过程中较少得到母性照料的年轻母鼠会表现出明显的焦虑行为，类似于它们自己的母亲。由于这种焦虑，它们倾向于不去照料自己的孩子。相反，得到充足母性照料的年轻母鼠在面对压力时表现得更为稳定，它们也会成为呵护孩子的负责任的母亲。

这些改变是可逆的

如果将那些没有受到或仅得到有限母性照料的幼鼠交给另一只充满母爱且能够提供积极刺激的母鼠去照料，这些幼鼠便能正常地成长和发育。令人意外的是，这种可逆性甚至可以在其进入青春期之后仍然显现。

母性照料可促使 BDNF 因子的生长

脑源性神经营养因子（BDNF），也称作神经元生长因子，是一种对大脑发育和大脑可塑性产生重要影响的蛋白质。它参与神经元的增殖、存活、分化及连接的形成。近年来，许多研究者都把焦点放在 BDNF 因子上，试图通过研究这个基因来了解童年早期的压力、大脑反应及行为之间的联系。这些研究表明，某些行为障碍与 BDNF 表达的变动相关。例如，接受过大量母性照料的幼鼠表现出良好的社交行为，这与其海马旁回中 BDNF 水平的提高有关。相反，被从窝中带出，与母亲分离的幼鼠则表现得较为孤僻，并伴随一系列行为问题。它们的前额叶皮质、杏仁核和海马旁回中的 BDNF 水平都比较低。

母性照料对生物个体的成长、认知发展和应对压力的能力都有着极其重要的影响。这种照料能够调节 HPA 轴，增加海马旁回的神经连接，从而增强记忆能力、学习能力和情绪调节能力。此外，母性照料还能提升 BDNF 水平，促进大脑的生长发育。得到良好母性照料的幼鼠在情绪处理、压力反应、认知能力及照顾下一代上都表现得更好。母性照料的个体差异可能会影响孩子认知能力的发展以及其应对压力的能力。米尼的研究揭示了母性照料对基因表达的影响，尤其是一些主导压力状态下行为反应的基因和神经-内分泌轴的基因，以及影响神经突触发育的基因，母性照料能在孩子的这些基因里留下了重要的印记。

在人类身上的表现

米尼及其团队研究了 36 名死者的 NRC31 基因：

- 12 人死于自杀，童年时期曾遭受过虐待。
- 12 人死于自杀，但童年时期没有遭受过虐待。

第 5 章
权威养育对儿童大脑的永久损伤

- 12 人作为对照组，不是死于自杀，而是死于疾病或事故。他们在童年时期也没有遭受过虐待。

研究发现，在 24 名童年时期没有遭受过虐待的死者中，没有出现 NRC31 基因的表观遗传修饰。12 名童年时期遭受过虐待的死者的 NRC31 基因则呈现出了表观遗传的修饰，导致其功能发生改变。这项研究表明，在人类身上，童年时期受到虐待会永久地改变其参与应激反应的基因。

研究者们通过观察 NRC31 基因的表观遗传修饰与人类心理－行为障碍及相关病症的关联性，如焦虑症、严重抑郁症、酒精和药物依赖、高于常人的自杀倾向等，揭示了人类情感环境与基因表达之间的明确关系。米尼的合作者默什·史扎夫（Moshe Szyf）指出，这些联系是动态的，作用可能会贯穿一生。他同时强调，影响这些机制的不仅是化学物质，还包括家庭、社会以及政治环境等各种因素。

在我们以上提到的研究中，我们看到了童年时期经历的压力和创伤将如何影响基因表达，并对心理行为和健康产生持久的影响。这些经历不仅改变基因表达，还可能会导致染色体末端的端粒的缩短，而后者是保护染色体免受时间和环境的影响的关键。

因此，表观遗传为我们对人类进化的理解带来了新的视角。它告诉我们天性和"养育"之间的相互作用是持续的，强调了我们的经历可能会在我们一生中持续地影响我们遗传物质的活性。更为广义地说，环境

Pour une enfance heureuse
非暴力养育

可以直接改变基因组的活性，并且这种变化可以传递给后代。这些新的发现强调了环境对于人类发展的重要性，特别是在生命的早期阶段。这也促使我们进一步探究人际关系如何影响我们的基因和大脑功能，并有助于我们在生活中做出相应的调整。

POUR UNE
ENFANCE HEUREUSE

第 6 章

让儿童智力和社交能力
实现飞跃发展

在儿童大脑发育中起关键作用的两种神经元

近期的研究揭示了两种引人关注的脑细胞：纺锤形神经元和镜像神经元。这两种神经元是本章要探讨的核心，因为它们在我们与他人的交往中，在我们的情感、共情、意识和学习等方面都扮演着关键的角色。

借助纺锤形神经元，信息得以迅速传递

纺锤形神经元是一种形态独特的神经细胞，呈雪茄或纺锤形。纺锤形神经元的体积大约是普通神经元的 4 倍，并且其主干也更加粗壮。其树突遍布大脑皮质各个层次，使得其传递的信息范围广泛且高效。纺锤形神经元含有如血清素和多巴胺等多种分子受体，这些分子对情感、情绪、爱、愉悦和动机等至关重要。我们会在第 6 章和第 7 章进一步探讨。有神经解剖学家甚至认为，正是由于纺锤形神经元的存在，人类才得以在众多生物中脱颖而出。

人类所拥有的纺锤形神经元数量大约是我们的近亲——大猩猩的

第 6 章
让儿童智力和社交能力实现飞跃发展

1 000 倍，后者仅拥有几百个这样的神经元。值得注意的是，在鲸鱼、海豚和大象体内也发现了纺锤形神经元，但数量极少。

加州理工学院的研究员约翰·奥尔曼（John Allman）发现，纺锤形神经元在母体孕期的 8 个月时便已经在胎儿的大脑中形成。尽管在胎儿刚出生时，这些神经细胞数量非常有限，但其数量会在出生后 8 个月内持续增加。大约在胎儿出生后 4 个月，它们会迁移到它们的最终位置并形成连接。

这些细胞主要分布在情绪脑、眶额区皮质、前扣带皮质和脑岛，而这些大脑区域在我们的情感和社交生活中扮演了核心角色。因此，这些神经元的连接是情绪、情商、即时共情、自我意识和自我控制的基石。

强烈的情绪

纺锤形神经元细胞分布密集的区域，在我们产生强烈情绪时会被激活。例如，当我们看到所爱之人的照片，当我们被某个人吸引，当我们觉得自己被善待或遭背叛时，这些区域会被激活。此外，当母亲听到孩子的哭声而产生强烈情绪反应时，纺锤形神经元所在的 3 个区域（前扣带皮质、眶额区和脑岛）会被激活，母亲因此进入警觉状态并迅速做出反应。

直觉与即时共情

纺锤形神经元会让我们在第一次与某个人接触时迅速产生一种"即

刻"的感觉，这种即时的、直觉性的第一印象让我们能够迅速地对这个人形成"喜欢"或者"不喜欢"的情感，并且这种感受不基于明确的理由。此外，这些神经元还能帮助我们根据感受做出相应的情绪反应。我们的社交能力、与他人交往的敏感度，很大程度上依赖于纺锤体神元的数量。

意识

借助于纺锤体神经元，脑岛和前扣带皮质能够迅速地进行信息交流，从而增强我们的自我意识以及对身体的感知。这种增强的意识可以帮助我们处理社交情境并调控情绪。根据西格尔的观点，纺锤形神经元的密度与我们对自我以及身体的感知紧密相关。

专注力与自我控制

纺锤形神经元还在自我控制和在困难情况下保持专注的能力中发挥着重要作用。

这些神经元非常值得关注，因为人的早期的经历会对它们产生直接影响。这些神经元细胞分布的位置和连接的丰富程度会受到孩子所处的环境和氛围的影响。无论是和谐友爱的环境、日常的紧张压力，还是遭受虐待，都会对它们产生影响。因此，我们必须认识到，如果儿童在生命早期被忽视，承受压力或遭受心灵创伤，都会对纺锤形神经元的构造和发育产生负面影响。这意味着，儿童早年的经历会对其自我认同的建立和与他人相处的能力产生深远的影响。

第 6 章
让儿童智力和社交能力实现飞跃发展

关于镜像神经元的惊人发现

意大利神经学家贾科莫·里佐拉蒂（Giacomo Rizzolatti）在他的实验室研究恒河猴大脑的感觉－运动皮质分布时，偶然发现了镜像神经元。通过使用精细的电极，研究人员可以在猴子进行细微动作时，对单个神经细胞进行分析。

这一天特别热，一名研究人员出去买了一个冰激凌。他一边吃一边走回实验室，这一幕被恒河猴目睹。令人大吃一惊的是，猴子的感觉－运动细胞因此被激活了，大脑开始"工作"，在大脑层面模拟研究人员吃冰激凌的动作，但它的身体并未实际执行这个动作。这表明，为了识别和理解他人的动作，我们大脑中与这些动作相对应的细胞可以在不具体实施这些动作的情况下被激活。镜像神经元就这样被发现了。

镜像神经元的位置

镜像神经元最初是在大脑皮质的运动前区被发现的，但现在的研究者相信，这种镜像系统还存在于其他许多脑区，如顶下叶、额下叶和腹侧运动前区。而视觉皮质、小脑及某些情绪脑也被认为与镜像系统有所关联。

镜像神经元在模仿和解读他人的意愿中发挥作用

里佐拉蒂及其研究团队发现，镜像系统具备两大主要功能：

Pour une enfance heureuse
非暴力养育

- 观察或执行某个动作。
- 理解和识别动作背后的意图。

镜像系统融合了听觉、躯体感觉和情感等多个元素。这些神经元的反应极其迅速，能对最轻微的动作意图做出即时反应，并帮助我们识别动作背后的动机，以便让我们迅速恰当地做出反应。

因此，人类大脑中的镜像神经元不仅能够模仿动作，还具备识别他人意图和情绪的能力。这些神经元不仅能够帮助我们感知到他人即将做出的动作，还能够更深入地洞悉到他们的感受和意图，以备我们去模仿和共鸣。当我们目睹他人的某个行为或动作，这些镜像神经元会立即被激活，仿若是我们自身在执行那些行为和动作。

简而言之，当我们目睹某个动作，我们的大脑会在意识层面精确地模拟并仿效该动作。例如，当我们看到别人做挥手告别，控制手部肌肉的大脑区域会被激活；当我们看到别人吃东西，控制嘴部的大脑区域同样会响应。这意味着，无论是观察还是实际执行动作，大脑中被激活的都是相似的区域。

图像、照片、电影的影响

磁共振成像显示，当观众在电影中看到让他们愉快、恐惧或阴郁的情节时，被激活的大脑区域与实际体验到的这些感受的是相同的。只是从电影中获得的感受比实际体验的感受要弱一些，这展示了图像、照片

第 6 章
让儿童智力和社交能力实现飞跃发展

和电影所具有的巨大情感影响力。当我们置身电影的世界,我们的大脑仿佛正在亲自经历所看到的一切。观看电影时,我们与角色共情,仿佛与他们同呼吸、共命运;面对暴力画面,我们仿佛身在其中;当某种情感被展现时,我们的心也跟随波动。在电影院中,我们的镜像神经元被唤醒,我们可以体会角色的每一个情感波动,因此可能会笑、哭或颤抖。观众仿佛置身其中,成为故事的一部分。电视剧也同样如此,观众感受到的情感深沉且强烈。编剧们明白这种共情的力量,因此会通过情节转折吸引观众。孩子对这些情感反应更为敏感。由于他们的分析能力尚未完全发展,他们更容易被情感所影响,深陷其中。与成年人不同,他们无法轻易地"关机",告诉自己"我需要做其他事情了"。

"第六感"是最原始的共情

当我们与他人深入地、和谐地"灵魂交流",并在这种完美的共鸣中分享愉悦时,其背后的生物学依据是,我们的镜像神经元正在被激活。这种人与人之间、大脑与大脑之间的深刻联系创造了一种双向的交流,即"情感共鸣"。

正如里佐拉蒂所解释的,由于镜像神经元的存在,我们不是通过概念推理式的"理性思考",而是通过"感觉"去理解对方。镜像系统越活跃,这种共情就越强烈。从广义上讲,我们能从内部体验到他人的感觉、情绪和情感。这些镜像神经元形成了一种"第六感",在我们毫无察觉的情况下,与他人之间建立了一个情绪场,这是一种即

Pour une enfance heureuse
非暴力养育

刻的、原始的共情。镜像神经元使情绪变得具有感染性，能迅速影响到周围的人。因此，我们很容易被他人的情绪所吸引，深入体验他们的感受。

> Pour une enfance heureuse   **经典案例**

提莫西3岁了。他的爸爸下班回家，心情很好，今天一切顺利，他想和儿子一起痛痛快快地玩耍。可是提莫西正在发脾气，因为他和妈妈吵架了。他的爸爸用欢快的语气邀请他坐在自己腿上一起玩耍，提莫西的脸上瞬间放出光彩，很快父子俩就嘻嘻哈哈地笑开了。提莫西爸爸的快乐情绪是有感染性的，瞬间就通过镜像神经元传递给了儿子，让他也变得开心起来！

当成年人情绪失控，大喊大叫、焦虑不安时，这种情绪也会传递给孩子，让孩子也感受到同样的愤怒或焦虑。

> Pour une enfance heureuse   **经典案例**

提莫西的爸爸下班回家，情绪很糟，这一天他过得很郁闷。他打开门，看到儿子在客厅地毯上玩，老婆则躺在沙发上看书，顿时气不打一处来："瞧这屋子乱的，到处都是玩具。提莫西，你怎么不向爸爸问好？真没礼貌！"气氛紧张起来。提莫西感受到爸爸的负面情绪，有些害怕地看着他。"你坏，爸爸。"他小声嘀咕着。爸爸的语调越来越高，气氛也变得越来越紧张。"现在就给我道歉！"

第 6 章
让儿童智力和社交能力实现飞跃发展

爸爸的声音变得尖锐难听。整个房间里充满了爸爸的负面情绪带来的紧张气氛,让人感到非常不舒服。

孩子擅于独立学习,且无师自通

即使我们独自一人,当不断重复某一动作、话语或运动时,镜像神经元也会进入活跃状态。在这些时刻,我们的大脑仿佛真的在执行那个动作,说那些话或进行那项运动,开始内部模拟。

对于年幼的孩子来说,他们整天都处在这样的练习中。他们会重复听到的话、做过的动作、经历过的情景。在玩的时候,他们会在日常生活场景中进行模仿。通过不断重复,他们逐渐学习、理解和适应周围的世界。因此,对于年幼的孩子来说,玩是非常重要的。

Pour une
enfance heureuse　　　　　　　　　　　经典案例

罗丝的妈妈说:"太神奇了!我老听到她对她的洋娃娃说,'你必须好好听话,否则你会被惩罚,回到自己的房间中!你也要说你好、谢谢。你要把玩具借给别人……不行啊,你做得太差了!现在赶紧吃饭,别瞎想了!我们快迟到了……'她完全像我一样,指着洋娃娃说这些话,语气、声调都跟我一模一样!我真的很吃惊,希望她不会把我看成一个专制的妈妈!"

Pour une enfance heureuse
非暴力养育

孩子擅长在模仿中学习

镜像神经元可以帮助孩子模仿各种行为，不仅限于动作。有些孩子甚至可以通过观察就轻松学会一种行为。这些神经元也有助于孩子发展出良好的人际交往能力，因为它们可以帮助我们理解他人的意图和情感，从而更好地与他人沟通。然而，这些神经元也会让孩子模仿身边成年人的一切行为，无论好坏。孩子会被家庭和周围成年人的言行所影响，并通过内隐学习模仿他们的行为方式，而缺乏对行为的理性思考和判断。因此，作为成年人，我们应该时刻注意自己的言行举止，为孩子树立正确的榜样。

Pour une enfance heureuse　　　　　　　　　　经典案例

4岁的劳拉亲吻了妈妈的嘴，说："妈妈，我非常爱您。"妈妈很惊讶说："不，劳拉，别亲我的嘴！"劳拉却说："但爸爸就是这样亲的呀。"妈妈解释说："嘴是留给爸爸亲的，你应该亲妈妈的脸颊。"

我们希望向孩子传递什么？

在养育孩子的过程中，我们需要思考一个重要问题：我们希望向孩子传递什么？当孩子被打时，打人这个动作会在他们的大脑中反复重现，于是他们学会了这个动作。我们想让他们学会暴力吗？当孩子受到

第 6 章
让儿童智力和社交能力实现飞跃发展

温柔的拥抱时，他们也学会了温柔。难道我们不应该更加积极地向他们传递爱与关怀吗？暴力可以通过模仿学习，而爱与温柔同样可以。孩子会模仿我们，因此我们最先传递给他们的是我们自己为人处事的方式。

轻松、平和、幸福以及愉悦，这种对生活的热情感受，都是由催产素、内啡肽和血清素这些化学分子所驱动的！它们的作用不仅令人惊叹，也促使我们渴望深入了解它们。

为了使身体分泌这些化学分子，我们首先需要建立深厚和亲密的关系。在这些化学分子的驱动下，人们更愿意维护这种令人满足的和谐关系。因此，这种深切的幸福感拉近了人与人之间的距离，并激发人们产生交流和交往的渴望，去寻找那个可以共同维系友情或爱情纽带的人。

催产素是获得幸福感和良好人际关系的核心物质。

催产素，爱和社交的激素

催产素的发现是一段激动人心的历史。1906 年，亨利·戴尔（Henry Dale）爵士从垂体后叶分离出了一种化学分子，并观察到它有助于子宫收缩以及母体分娩。于是，他把这种分子命名为"催产素"，其希腊语词源的意思是"快速分娩"。

催产素是第一个在实验室中被鉴定并成功合成的肽类激素。肽是由

Pour une enfance heureuse
非暴力养育

数个氨基酸链接而成的蛋白质组成部分。凭借这项重大发现，文森特·迪维尼奥（Vincent du Vigneaud）获得了1955年的诺贝尔化学奖。当时，人们还想象不到这种激素可能拥有其他众多功能。神经解剖学研究显示，催产素是由下丘脑的神经元合成的，之后在垂体后叶被释放，然后进入我们的血液循环。

在深入研究人类之前，研究人员已经对大鼠、羊、猴子等多种动物的催产素进行了探索。他们发现，催产素与雌性哺乳动物的一系列的行为模式相关，如为成为母亲做准备、照顾幼崽等，这些行为都是为了种群的持续繁衍。

现今，有多项研究致力于探索催产素在人类中的作用，以此探究人际关系的深层奥秘。最早这些研究围绕着母亲和伴侣展开，但近期的工作已逐渐转向了父亲、孩子以及参与各种社交活动的人群。现在，我们已经知道，催产素在各种人际关系中都起着至关重要的作用。

催产素的多种作用引起了人们巨大的兴趣。作为参与人际关系、社会交往、友情和爱情的关键"化学分子"，催产素被誉为"社交"和"感情"的"激素"。它可以增强信任感——如果没有相互信任，友情和爱情就无从谈起。瑞典研究员科斯汀·乌纳斯-莫伯格（Kerstin Uvnäs-Moberg）毕生致力于对催产素的研究，她甚至为自己的著作起名为《催产素：爱的激素》（*Ocytocine: l'hormone de l'amour*）。

催产素在大脑中生成，既可以作为一种神经递质（通过突触将信息从一个神经元传递到另一个神经元的化学物质），通过特定受体局部作用于神经细胞，也可以通过血液循环作用于大脑之外的其他器官。因此，催产素可以从两个层面上发挥作用：在大脑层面上参与调节情绪和社交行为；在生理功能层面上参与分娩和泌乳。它有助于引发子宫和乳腺的收缩，以辅助胎儿娩出和乳汁分泌。

催产素给孩子带来的幸福感

催产素可以触发多巴胺、内啡肽、血清素等多种化学物质的释放。首先，它作用于多巴胺，激活大脑中的动机 - 奖励系统，从而刺激人们的"动机"并带来"快乐"感；接着，它刺激释放内啡肽，进一步增强奖励系统，给人带来"幸福感"；最终，它协助血清素的释放，参与稳定情绪的过程。人际关系、感情、依恋的建立部分基于我们与自己所爱的人的亲近感以及体验到的快乐和幸福。和这些人在一起，我们会感觉很"美好"，这也是催产素被释放的时刻。催产素的释放可以促进个体之间的亲近感，从而形成一个良性循环：与某些人相处使我们感觉良好，触发催产素的分泌，刺激"幸福感"相关物质的分泌，使我们感到更加愉快，这种愉悦感又驱使我们想要继续和这些人待在一起，进而再次触发催产素的分泌。

因此，人类的大脑机制会"奖励"人与人之间的亲密时刻。虽然来自父母的爱和成年人的爱情性质完全不同，但它们都部分依赖于相同的激素和大脑网络。催产素、多巴胺、内啡肽和血清素的连锁反应使得

Pour une enfance heureuse
非暴力养育

父母在与孩子交流时获得"奖励"。当孩子蜷缩在他们的怀里笑时，产生奖励的多巴胺回路就会被激活，孩子和父母都会沉浸在愉悦的感觉中。

多巴胺可以激励我们花时间与孩子在一起。亲密的时光又刺激了这种激素的分泌，带给我们幸福、愉悦和安宁的感觉。催产素与多巴胺受体相互作用，防止产生适应性，让我们与自己所爱之人在一起时能够一直保持愉悦。这个有趣的现象可以让我们理解为什么做父母的人会对别人家的孩子视而不见，甚至产生厌烦，而对自己的孩子则百看不厌。当他们照料自己的孩子的时候，会获得"幸福感"作为奖励。

催产素在大脑情绪脑中发挥重要作用，它作用于生成和捕捉情绪的大脑结构，主要是下额叶、前扣带皮质和脑岛。当父母听到孩子哭泣的时候，这些区域就会被激活。在亲子关系中，催产素可以促进共情的产生，帮助父母迅速捕捉到孩子的情绪并正确解读，给出适当的回应。

催产素具有抗焦虑、抗压力的作用。它可以通过作用于HPA轴、植物神经系统和杏仁核等多个大脑结构，降低交感神经系统和HPA轴的活跃度，减少皮质醇的分泌，增加副交感神经系统的活动，舒缓焦虑情绪和压力。

催产素的分泌还可以降低血压、提高疼痛阈值、增强免疫力、促进消化和伤口愈合。此外，催产素还能减缓杏仁核的活动，增加对他人的

第 6 章
让儿童智力和社交能力实现飞跃发展

信任感。这些作用可以解释为什么充满温情的关系与身心健康和幸福感紧密相关。

愉快的人际关系和交流可以促进催产素的分泌

各种温暖的体验都能刺激催产素的分泌：温柔的话语、母乳喂养、温柔的接触、爱抚、亲吻、性高潮等，甚至接触温水也能起到同样的作用。和谐的互动、热烈的氛围、愉快的交谈、共同分享快乐的时刻，甚至仅仅一个充满爱意的眼神交流，都能刺激催产素的分泌，带给我们幸福的感觉。此外，提到我们所爱的人也能让身体分泌催产素。

Pour une enfance heureuse　　经典案例

> 马克躺在床上，两个月大的克洛伊暖暖地趴在他身边。
> 内森正在专注地吃奶，凝视着他的妈妈。
> 托马斯和塞西尔深情地接吻。
> 瓦莱丽和卡米尔正在边喝饮料边聊天。她们从小就是朋友，好久没有见面了。

这些日常的行为会激活催产素的分泌，让参与其中的人感到幸福和满足。

相反，压力会阻碍催产素、多巴胺和血清素的分泌。在家里或学校，成年人如果对孩子采取专制的态度，每天责备、命令、惩罚、羞辱甚

Pour une enfance heureuse
非暴力养育

至打骂他们，就会让孩子感受到压力、恐惧和愤怒，他们的皮质醇水平就会升高，交感神经就会一直处于活跃状态，从而阻碍"愉悦分子"的分泌。

催产素使人更加亲近

催产素在建立令人满意的人际关系中发挥着关键作用，无论是在双方关系还是在更大的群体中。它不仅对个体有益，对于构建团队或社会结构也至关重要。与他人，尤其是自己所爱之人建立深厚的关系，是人类幸福的源泉之一。这种美好不仅影响当事人，也会感染周围的人。

催产素促使共情的产生

情感和认知上的共情构成了人与人之间沟通、理解和相互关怀的基石，真诚的交流根基于共情。共情是一种站在他人角度，深入理解和感受他人情感的能力，这使我们能够洞悉他们的情绪、体会他们的感受，关注那些影响他们的核心因素。通过共情，我们得以构建一个双方都能互相满足需求的关系。

催产素有助于我们捕捉他人的表情和眼神。在情感交流中，许多信息是通过姿态、穿着、手势和语言传达的。当两个人相遇时，情感和感受往往首先从面部，特别是眼神中传递出来。因此，在情感交流中，眼睛扮演着重要的角色。对方会有意或无意地用一种非语言的方式把他们的感受展现在我们面前，我们可以感知到对方对我们是否信任、是否感

第 6 章
让儿童智力和社交能力实现飞跃发展

到愉快等。催产素帮助我们捕捉并理解他人的眼神和表情，无须语言交流。

科学家们用鼻喷的方式将催产素快速扩散到大脑，以便更好地了解其多种功效。苏黎世大学和纽约大学的心理学家乌尔利克·兰美尔（Ulrike Rimmele）向被试展示了人脸、物品、房屋和风景等图像。其中一半被试接受了催产素鼻喷，而另一半接受的是安慰剂。结果表明，催产素可以帮助被试更好地识别和记忆人脸，但对于其他类型的图片则没有效果。催产素不仅可以帮助人们更好地记忆人脸，还可以增强读取和捕捉他人情绪状态的能力，这对于理解他人的情绪感受非常重要。这种只凭"看脸"就能理解他人情绪的能力十分惊人，仿佛能够看穿"他人的思想和灵魂"。

眼睛是心灵的窗户，它们可以反映一个人的情绪、感觉、意图以及不同程度的思考、关注和兴趣，因此传达出的信息非常珍贵。知道如何读懂他人眼神中的内容十分重要。澳大利亚的亚当·居斯特拉（Adam Guastella）研究发现，接受过催产素的人可以更专注、更有力地注视他人的眼睛。

Pour une enfance heureuse　　经典案例

伊娃的童年很幸福，周围都是充满爱心的人。她在工作中结识了很多人，能轻松地读懂他们的情绪表达，因此她处理起人际关系游刃有余。

相反，内森的童年并不轻松，周围的成年人都很强势、专横，经常出口伤人。他对于处理人际关系总是感到非常困难，而他却不知道原因。实际上，这与他很难读懂他人的面部表情有关，是一种情感障碍。

催产素可以通过提升共情能力和增加对他人情感、情绪和意图的感知，来促进良好的人际关系的建立；催产素可以降低伴侣之间发生冲突的频率，提高他们的互动频率；催产素还有助于人们与治疗师、老师和其他"助人者"建立令人满意的关系。此外，催产素还能增强对他人的信任感，因为没有相互信任就难以建立真正的亲密关系。催产素可以让我们变得平静从容，降低对困难的畏惧。

催产素的社会意义十分重大

催产素不仅可以减少焦虑和社交恐惧，而且还能够维系社会关系，提高集体凝聚力。多项研究表明，催产素可以提升人们的协作能力和为他人着想的意识，甚至牺牲的精神，即使这些人并不属于自己所属的群体。一项中期分析对23篇相关论文进行了评估，结果显示，催产素鼻喷可以影响群体中人与人相互信任的程度。这是因为催产素可以降低杏仁核和脑干中负责恐惧的神经回路的活跃性，使个体在私人生活中更加信任他人。

苏黎世大学的学者托马斯·伯姆加特纳（Thomas Baumgartner）尝试研究感情和金钱欺骗对人们信任感的不同影响。研究发现，经历过情感欺骗的被试，在使用催产素鼻喷后仍然表现出对他人的信任感，而经

第 6 章
让儿童智力和社交能力实现飞跃发展

受过金钱欺骗的被试则不会表现出相同的信赖程度。因此，催产素对于人际关系中的信任感具有重要作用，它能够加深夫妻、亲子、兄弟姐妹及朋友之间的感情纽带，让我们在这些关系中保持幸福。

催产素对我们的记忆也会产生作用，能够帮助我们将美好的时刻铭记于心。更为神奇的是，催产素还可以影响大脑中与情感和社会关系相关的区域，进一步调控某些与神经可塑性相关的蛋白质合成。这意味着，催产素能够使我们在处理人际关系时表现得更加灵活。

催产素能强化亲子关系。在动物界中，我们可以观察到雌性动物会充满关爱地对待幼崽，包括舔舐、保护和照料它们。这种强烈的母性行为着实令人惊讶。实验表明，即使在未怀孕的母羊脑内注入催产素，也能在短短不到一分钟的时间里唤醒其内在的母性本能，使它们对其他小羊产生浓厚的关心和慈爱。

大鼠的母性关爱能力取决于幼时所受关爱的程度。尚帕涅和米尼发现，雌性大鼠的母爱天赋与其大脑内催产素受体数量相关，而这种受体数量与大鼠幼年时期所得到的母性照料程度有关。如果雌性大鼠在幼年时期受到的母性照料较少或与母性分离，其大脑中的催产素受体数量相对较少；如果雌性大鼠小时候得到了充分的母性照料，且较少与母鼠分离，其大脑中的催产素受体浓度则非常高。因此，在大鼠群体中，母性关爱的能力取决于其幼年时期所得到的关爱，并且这种能力也会遗传给下一代的雌性大鼠。

Pour une enfance heureuse
非暴力养育

幼年时期的母爱缺失并不意味着这些大鼠不会表现出母性行为。如果将这些大鼠换到一个更有关爱且有更多刺激和社会化的环境中成长，它们的催产素受体数量仍然可以增加，显示出其内在的复原潜能。根据这些动物实验的结果，我们可以提出这样一个假设：母性关爱能力的差异部分取决于幼年时期所接受关爱的程度，而这与催产素系统（既包括大脑中的催产素受体，也包括循环血液中的催产素）相关，并且这种能力还会遗传给下一代。母性行为会影响大鼠体内催产素的分泌，从而影响其当下和未来的生活，包括社交能力的提高、攻击性的降低，更擅长应对压力并知道如何哺育和培养其下一代。

此外，这两位研究者已经证明，大鼠父母的行为方式会影响其后代控制压力和学习相关的基因的表达，这一点我们在第 4 章中已经深入探讨过。在小鼠身上，我们也发现成年雄性小鼠在它们的配偶怀孕时，自身的催产素水平也会呈现增加趋势，这进一步证明了配偶怀孕这一生理事件对成年雄性同样具有一定影响。

这些动物实验很好地揭示了催产素所带来的连锁效应：它不仅可以提升母亲对其幼崽的关爱，并且这种影响会持续作用于幼崽，使它们表现得更合群、更放松。并且，它们也会采用同样的方式来哺育下一代。

在人类身上

对动物和人类的母性行为进行对比研究无疑是一项困难的任务，特

第 6 章
让儿童智力和社交能力实现飞跃发展

别是聚焦于"母爱"这样一个敏感而复杂的主题时，因为它一定程度上触及了我们个人的童年经历。在我们年幼时，是否有成年人给予我们足够的关爱并为我们指引道路始终是一个重要的影响因子。

评估动物的母性行为相对容易，通常我们只需要观察母亲舔舐、清洁幼崽的频率和方式就可以。但是，当我们尝试评估人类父母对孩子的关注和爱护程度时，情况则要复杂得多。人类父母的亲子行为涉及多种维度，并通过语言交流和情感连接得到体现。每位父母对于孩子的依恋和关爱方式也不尽相同，这很大程度上取决于父母自身的经历、家庭背景、年龄以及所处的文化和社会经济环境。

母爱让女性成为更好的母亲

母爱是母亲对孩子的爱和牵挂，驱使她们去照顾、关注、守护自己的孩子，并在孩子哭泣时给予慰藉。然而，并非所有的女性都会体验这种情感。许多女性会很高兴成为母亲，但也有一部分人会感到痛苦和焦虑，还有一部分女性则会陷入绝望，完全无法体会作为母亲的幸福感。还有一小部分女性可能会对孩子比较冷淡，排斥甚至施加暴力。母爱并非天生就有，而是逐步建立起来的，有些女性面对第一个孩子时感到困难重重，而面对第二个孩子时却能应对自如。当她们意识到自己有能力成为一个好母亲时，就会更加自信和从容地照顾第二个孩子。

Pour une enfance heureuse
非暴力养育

一个女性是否能成为一个细心体贴、善解人意、充满关爱的母亲，受到她在童年时期所接受的母爱的影响。不过，仍然存在许多其他未被探究的影响因素。

Pour une enfance heureuse　　　　　　　　　　　**经典案例**

X太太表示："我对我的孩子无法像其他母亲那样充满关爱，我总是对他们冷漠，与他们保持距离，总找他们的毛病。我知道我应该爱他们，但我就是做不到，不知道该如何去爱。"她哭着说："我妈妈从来没有亲过我，抱过我，也没有对我说过一句温柔的话。父亲也不在身边。直到现在，我仍然绝望地期待妈妈能多看我一眼，花时间了解我、理解我。我知道这只是幻想，但我仍希望妈妈能给我一点爱。"

或许X太太的母亲也想对她更温柔一些，但她不知道该怎么做，因为她自己也从未得到过爱。如果X女士在生命旅途中遇到一个人，无论是治疗师还是其他人，能够帮助她发掘内心深处的情感能力，这条不幸的传播链就会被终止。

丈夫的支持有助于妻子成为好母亲

男性参与到伴侣的成长过程中，可以帮助她们成为更好的女人和母亲。根据我的职业经验，男性在帮助女性成为母亲的过程中发挥着至关重要的作用。如果一个女性缺乏自信，担心自己无法胜任母亲的

第6章
让儿童智力和社交能力实现飞跃发展

角色，伴侣的支持、爱、鼓励和重视能帮她逐渐建立自信，从而为孩子提供足够的关爱。在以色列和美国耶鲁大学研究亲子关系的鲁斯·费德曼（Ruth Feldman）教授在他的研究中也证实，父亲的支持和参与可以降低母亲的焦虑和产后抑郁的风险，提高家庭的凝聚力。当然，还有其他影响女性的因素需要考虑，例如怀孕和分娩的经历以及产后所处的环境。但这些因素都不像女性童年时期接受的关爱和伴侣所起的作用那样具有决定性。目前，还有许多研究正专注于催产素在母亲与孩子关系中的角色。从这些研究的建议来看，这种激素显然与母子关系存在某种紧密的联系。

母爱的能力、依恋与催产素

根据费德曼的研究，母亲的催产素水平与其母爱能力呈正相关。母亲体内的催产素水平越高，她展现的母爱就越强烈；相反，催产素水平越低，则母爱就越弱。此外，伦敦大学的研究员安德里亚斯·巴特斯（Andreas Bartels）也提出，催产素可以强化母性养育行为，并抑制对幼崽的伤害和杀害行为。

催产素在母性养育和母子关系的各个方面都发挥着重要的作用，可以促进母亲对孩子的关爱和鼓励、照顾他们、帮助他们成长。当母亲花时间陪伴孩子、拥抱孩子、同孩子玩耍、帮他们穿衣洗漱、喂奶（母乳或瓶喂）时，就会分泌催产素、多巴胺、内啡肽和血清素等幸福激素。这是一个良性循环：母亲越是关爱孩子，这些激素的分泌就越旺盛，母亲与孩子之间的纽带就越牢固，对孩子共情和关爱的能力就越强。当母亲听到孩子哭泣或微笑时，也会分泌催产素，促使她去照料和哺育孩子。然而，当孩子远离父母的时候，母亲就不会再分泌催产素，亲子关系也随之变得疏远。

捕捉孩子的信号并给予回应，有助于建立安全型依恋

当父母能够敏锐地察觉并正确理解孩子的需求和信号，并作出适当回应时，有利于安全型依恋关系的建立。催产素可以增强父母的共情能力，帮助他们更好地理解孩子并作出恰当的回应，从而让孩子感到安全。此外，催产素还能够降低母亲的焦虑和应激反应。一个心境平和、少有焦虑的母亲可以更好地关注孩子的需求和表现。她们的情绪更稳定，就更能敏锐地感知并响应孩子的非语言信息。

催产素可以强化我们对母亲记忆的情感价值

纽约西奈山医院的精神病学专家杰尼弗·巴特兹（Jennifer Bartz）研究了青少年对于他们母亲的记忆。通过让被试接受催产素鼻喷后，研究者发现孩子对母亲依恋类型的不同会影响他们对母亲的记忆。当孩子对母亲是安全型依恋时，在他们长大后的记忆中母亲是慈爱和亲切的，而且在接受催产素鼻喷后，孩子会觉得母亲更加亲切。相反，如果孩子对母亲是焦虑型依恋时，他们记忆中母亲的形象是不那么慈爱的，是疏远的，在接受催产素鼻喷后，孩子会感觉母亲和他们更加疏远。因此，催产素会强化我们记忆中情感价值的印记。

第 6 章
让儿童智力和社交能力实现飞跃发展

怀孕、分娩、哺乳与催产素

在孕期如果催产素维持在高水平,母亲分娩后更容易对孩子产生关爱。以色列巴伊兰大学的阿里·勒维(Ari Levine)进一步证实了这一发现。他指出,如果孕期前三个月和最后三个月的催产素水平持续上升并保持在高水平,母亲会对孩子产生强烈的母爱,会花大量时间关注孩子,抱他们,和他们交流,惦念他们。

催产素在分娩和哺乳中起着重要作用,这已为人熟知。在分娩过程中,催产素促进子宫收缩,降低产后大出血的可能性,帮助胎儿娩出。在母乳喂养期间,孩子吮吸乳头刺激催产素的分泌,促进乳汁的分泌。此外,母亲在哺乳期间经常会体验到一系列愉悦、幸福、安宁和自信的感觉,这些正是催产素所引发的效应。

近期一项研究表明,在母亲哺乳时,与共情和人际关系相关的脑区会被激活,从而使母亲对孩子更为关注和敏感。这表明母乳喂养不仅可以强化母子关系,还对母亲的心理健康有益。

有相当一部分母亲无法或不愿意母乳喂养。当然,奶瓶喂养也不会影响母亲满足孩子想被关爱的需求。当母亲将孩子拥入怀中,轻轻和他们说话时,母亲和孩子都会分泌催产素,双方都会从中获益。

Pour une enfance heureuse
非暴力养育

产后抑郁与催产素

不是所有的女性在成为母亲时都会感到快乐。实际上,产后抑郁十分常见,有10%～15%的产妇会有这种经历。这是一种非常严重的疾病,会给母子双方带来巨大的痛苦,并破坏母亲与孩子的关系。

通常,患有产后抑郁症的女性催产素水平会比较低。瑞士巴塞尔大学的玛尔塔·斯昆兹(Marta Skrundz)与其德国同事在一项研究中发现,孕期血液中催产素水平较低与产后抑郁症之间存在关联。因此,对于已有抑郁症病史的女性来说,可以在孕期采取一些干预手段,以减少抑郁症对她本人、孩子、配偶及身边亲人的影响。

童年时遭受过虐待的母亲与催产素

并非所有女性在童年时期都得到过温暖和关爱,个别女性甚至经历过虐待、性侵和被忽视等不幸遭遇。这类女性体内的催产素水平往往偏低,当她们面对自己的孩子时,会产生许多负面情绪。为了进一步探究这个问题,亚特兰大大学的精神病学教授克里斯蒂娜·汉姆(Christine Heim)对22名曾在童年时期遭受不同种类虐待的女性志愿者的脑脊液中的催产素水平进行了检测。研究发现,这些女性通常难以维持良好的人际关系,且常常表现出紧张、焦虑、抑郁的情绪。她们大脑中催产素系统很可能存在不同程度的功能障碍。

童年时期催产素系统受损对个体的影响非常深远,可能会持续一生,

第 6 章
让儿童智力和社交能力实现飞跃发展

并影响到个体的情感和社交生活。

被遗弃的孩子遭受的创伤难以弥合

我们知道,个体的童年经历对其成年后的情感和社会生活有着深远的影响。然而,遗传、心理学、家庭背景、社会环境和文化传统等因素也同样发挥作用。在这些生物性因素中,催产素显得尤为关键。孩子体内的催产素水平不仅决定了其成年后的为人父母的方式,还影响了他维持亲密关系、家族纽带、友谊以及与社会互动的方式。

孩子最初的人际关系通常是与父母的关系,因此这种关系在其未来的成长中起着决定性的作用。然而,许多孩子在童年时期并没有得到需要的关爱,这也使得孩子长大后难以给予他们自己的孩子足够的关爱。当父母因各种原因无法承担父母的角色而抛弃孩子时,找到替代的养育者并给予孩子足够的关爱就变得尤为重要。然而,这在福利机构中很难实现。

威斯康星大学的埃利森·弗莱(Alison Fries)研究了在领养家庭和在自己家庭长大的 4 岁孩子尿液中的催产素水平。其中,被领养的孩子前 16 个月是在福利院度过的,之后被稳定且有爱心的家庭领养,并且家庭氛围充满活力。这项研究在他们被领养 3 年后开始,结果发现,生活在领养家庭的孩子尿液中的催产素水平低于生活在自己家庭中的孩子。也就是说,这些孩子在 4 岁时仍然保留着他们最初痛苦的几个月的

Pour une enfance heureuse
非暴力养育

生物学印迹，即使之后被其他家庭收养也没有发生改变。

　　这些生物学痕迹意味着被领养的孩子前 16 个月在福利院受到的创伤十分深刻，即便之后被收养也无法完全弥合。或许这与他们在福利院生活的时间长短有关，也可能因为这一时期是孩子生长发育的一个关键阶段。

POUR UNE ENFANCE HEUREUSE

第 7 章

带给孩子幸福感和积极的人际关系

催产素对父亲与孩子的关系的影响尚待探究

相较于母亲与孩子的关系，父亲与孩子之间的关系常常被人们忽视。在催产素和父子关系的研究上也是如此。费德曼和伊拉尼·戈登（Ilanit Gordon）是最早开始研究这个问题的学者。他们在一项研究中发现，当父亲和孩子亲密接触时，他们体内的催产素水平同样呈升高趋势。这与母亲的生理反应十分相似。

这项研究共涉及 112 对父母，他们被要求先与自己 4 个月大的孩子互动 15 分钟，之后在孩子 6 个月的时候再进行一次这样的互动。实验结果表明，当父母满怀爱意地照料自己的孩子时，他们体内的催产素升高模式是相似的，与性别无关。相应地，当与孩子的接触时缺乏足够多的爱意，无论是父亲还是母亲，其体内催产素下降的模式也是一致的。

研究表明，温柔地对待孩子会刺激催产素的分泌，这种刺激与照料孩子的人的性别无关，而与其关爱别人的能力有关。

费德曼和戈登的第二项研究涉及 160 对生了头胎的父母。在孩子出生几周后，实验人员对这些父母体内的催产素浓度进行了测量，然后在孩子 6 个月时进行了同样的检测。

父亲与母亲在爱护孩子的能力上是相同的

研究发现，当母亲对孩子呢喃细语表达爱意并做出温柔的举动时，她们体内的催产素水平会升高。同样，当父亲和孩子一起愉快地玩耍时，其体内的催产素水平也会上升。值得注意的是，无论是父亲还是母亲，在两次测量中的催产素水平保持了一致性。如果父母缺乏对孩子的爱，他们在第一次测量时的催产素水平就会很低。即使孩子已经 6 个月大，但如果他们的亲密关系仍旧缺失，催产素水平也不会有所上升。而那些充满爱意的父母，在两次测量中都表现出较高的催产素水平。

因此，这项研究强调了父亲和母亲在爱护孩子的能力上是相同的，唯一不同的是他们表达爱的方式。这意味着在生命的最初 6 个月里，父母与孩子之间的关系并没有发生变化。如果这种关系一开始就充满爱意，那么 6 个月后仍然如此，反之亦然。

许多错误的观念根深蒂固

当前，许多国家的男性仍然将照顾孩子的责任完全抛给妻子。一种

Pour une enfance heureuse
非暴力养育

根深蒂固的观念是，许多人认为父亲没有照顾孩子的能力，甚至一些孕产心理学家也会告诫那些准爸爸他们不够格，不要插手育儿事务。这种观念无疑会让父亲打消与孩子建立亲密关系的想法，并将育儿任务完全交给妻子。

当人们有意无意地阻拦一位父亲照顾他的孩子时，会说："这是女人的事！男人不懂带孩子，照顾不好。"于是，父亲和孩子之间的关系日渐疏远，身体中的催产素分泌量逐渐减少。若父亲尽早参与照顾孩子的过程，催产素分泌量就会趋于增多，父子关系就会变得和谐。

父亲和母亲体内催产素变化的一致性也表明，他们照顾和关爱孩子的能力是一样的。尽管父亲和母亲在表达关爱的方式和能力上可能有所不同，但这并不妨碍父亲像母亲一样悉心照料孩子，给予他们温柔和关爱，这对孩子的健康成长至关重要。

长期以来，人们一直强调早期交流对于建立母亲与孩子的亲密关系和依恋及其重要。费德曼和戈登的研究表明，这条原则同样适用于父亲。尽管男性没有孕育和哺育的能力，但这丝毫不会影响他们关心和照顾孩子的能力。他们可以享受与孩子建立亲密关系的快乐，同时帮助孩子发展情感和社交能力。在妻子患病、产后抑郁或其他无法照料孩子的情况下，父亲也可以代替母亲，给予孩子足够的关爱和安全感。

第 7 章
带给孩子幸福感和积极的人际关系

家庭同步性带来的良性循环

2010 年，费德曼首次探究了父母与孩子互动时孩子体内催产素水平的变化。研究对象包括 55 位家有初生婴儿的家长，其中有 36 位母亲，19 位父亲。在孩子 4 个月大和 6 个月大时，分别进行了持续 15 分钟的高质量互动，并在互动前后分别测量了父母与孩子体内的催产素水平。

费德曼和戈登注意到，在亲密的互动中，父母与孩子之间呈现出一种"同步"状态。他们的眼神交流、语调及身体接触在这种互动中呈现出高度的和谐，与彼此的节奏完美匹配。

在这项研究中，催产素水平的变化与情感互动的变化是一致的。互动越充满爱意，同步性越高，父母和孩子体内的催产素水平也就越高。这表明在人类生命最初的几个月里，当父母表现出对孩子充满爱意的行为，并与孩子进行同步交流时，就会激发催产素的分泌。

第四项研究针对同一批孩子在 2 个月和 6 个月时的催产素水平与家庭同步性进行了分析。家庭同步性不只是关于亲子之间的默契，还包括夫妻间的互动。这种同步性基于共情、亲密交流、和谐的伴侣关系以及亲子纽带。而催产素水平与家庭成员之间情感深度、接触的亲密程度以及眼神交流有着密切的关联。

研究结果再次表明，父母的催产素水平是相近的，这意味着他们与孩子的眼神交流和亲密互动的质量和频次都十分匹配。

这种家庭同步性对孩子未来的生活非常重要。如果孩子在出生后的前几个月处于这种同步的家庭氛围中，他们的负面情绪会减少，并且会在6岁前后发展出良好的交际能力。

因此，亲子之间的温柔接触对于父母和孩子来说都是有益且必不可少的，这种接触可以增强依恋关系。这种共同的爱给所有家庭成员都带来了安宁、信任和幸福感，形成一个良性循环：对孩子的关爱越多，催产素分泌就会越多，亲子之间的纽带就越牢固，家庭关系和氛围就更加平和与幸福。

相反，如果父母没有给予孩子足够的关爱，他们体内的催产素水平会长期偏低，更容易遭遇焦虑和压力的影响，彼此之间也会缺乏信任，导致亲子关系疏远。

因此，催产素在亲子关系中发挥着重要作用。当彼此之间的关系和接触充满温情时，催产素就会分泌。催产素还能显著降低焦虑感和攻击性，使生活变得更加愉悦。

融洽的师生关系有助于孩子的学习

与孩子建立温暖关爱的关系不仅局限于家庭，在学校中与孩子建立这样的关系也可以带来一系列积极的影响。这种关系有助于孩子更好地发展，增强他们的幸福感和信任感，同时减少他们的焦虑感和攻击性。

第 7 章
带给孩子幸福感和积极的人际关系

这种关系对教师本人也有益处，有助于营造一种融洽且充满信任的学习氛围。

内啡肽让孩子产生弥漫全身的幸福感

内啡肽，也被人们称为"脑内啡"，是一种与吗啡类似的物质，由下丘脑的特定细胞群体分泌。大脑的各个区域都存在内啡肽受体，但分布最密集的区域是负责恐惧和焦虑反应的杏仁核和与疼痛反应相关的前扣带皮质。

内啡肽具有缓解疼痛、减少焦虑、产生愉悦感并加强依恋的作用。人们最为熟知的是内啡肽的镇痛效果。事实上，内啡肽还有其他神奇的功能：它可以抑制杏仁核的活动，使我们保持冷静、提升安全感，使我们不那么神经紧张；同时，它还能缓解恐惧和焦虑，使人产生弥漫全身的幸福感。潘克塞普认为，大量分泌内啡肽有助于我们达到心理的平衡状态。

对灵长类动物的研究表明，内啡肽能够增加并调节依恋性和母爱。当灵长类动物与自己的幼崽互动，为它们整理毛发或同它们玩耍时，双方的内啡肽水平都会升高。研究还发现，当给母鼠注射了内啡肽的阻断剂后，它们的母性照料行为会遭到干扰。

与善良、友好、平和、愉快的人相处，我们的大脑会分泌内啡肽，从而让我们体验到平静和幸福的感觉。这种感觉及其与这类人建立的关系可以赋予我们力量和信心，帮助我们克服困难，平静地接受他人的指导，而不是对抗或回避。

内啡肽还会在愉悦、温暖和深情的互动中分泌。与孩子一起玩耍、亲密拥抱等行为都可以提升体内的内啡肽水平，让这些时刻充满幸福感。

生命最初阶段的母子分离对孩子是一种巨大压力

当新生儿和母亲分离时，双方都会感到痛苦、焦虑和忧伤，因为分离导致了催产素和内啡肽水平的突然降低。因此，我们应该尽量避免让新生儿与母亲分离。当孩子因病需要转移到儿科病房或重症监护室时，最好能够让他们的父母陪伴在他们身边。

血清素是一种关键的神经递质，它在情绪、社交和情感调节中发挥着核心作用。此外，它还参与调节睡眠、饮食和性行为等多种生理功能。

血清素的作用在于稳定情绪和降低攻击性，这对于建立良好的人际关系至关重要。当血清素水平降低时，人们容易表现出攻击性行为。那些无法控制自己冲动的人，往往会因焦虑、易怒、情绪反复而无法与他人友好相处。血清素水平过低会使人难以平静地处理负面情绪。

与父母度过专属时光可以促进腹内侧皮质中血清素的分泌。当孩子

第 7 章
带给孩子幸福感和积极的人际关系

与父母度过许多美好时光时，他们大脑中的血清素水平将得到很好地调节，从而极大地改善孩子的情绪状态。

与母亲分离被视为一种重大的压力，它剥夺了婴儿在生命初期得到母爱的机会。印度孟买研究者玛胡瑞玛·贝内卡莱迪（Madhurima Benekareddy）发现，生命初期所遭受的压力会对前额叶血清素前体受体造成严重的损害。这种压力会导致个体在成年后变得极为敏感、焦虑、冲动、易怒或抑郁。

当新生儿因身体原因需要在儿科病房或重症监护室接受治疗并与母亲分离时，这种分离对母亲来说也是一种巨大的压力。对于大脑尚未成熟且极其脆弱的新生儿来说，这种巨大的压力可能会对他们未来的生活产生负面影响。因此，在孩子住院期间，应该创造条件让母子尽量在一起，这对孩子的当前和未来健康都是有益的。

交流，尤其是身体接触，可以激发快乐分子的分泌

当相互交流时，说话的音调和氛围会影响催产素、内啡肽、多巴胺等快乐分子的分泌。其中，身体接触起关键作用。它是人与人之间亲密关系、情感纽带和依恋的关键。当身体接触令人愉快和安心时，不论是主动接触的一方还是被动接受的一方，双方都会释放一系列快乐分子。相反，如果身体接触令人不愉快，快乐分子的分泌就会受到阻断。

Pour une enfance heureuse
非暴力养育

因此，温柔的身体接触是非常有益的。它可以为人们减轻压力，带来幸福和安宁。当一个人在身体或情感上感到痛苦时，关怀地抚慰和拥抱他（她），可以帮助他（她）度过这个艰难的时刻。

皮肤是人体最大的感觉器官，它包裹并保护着我们，同时让我们与外界进行交流。皮肤中存在两种感觉受体：一种受体将获得的信息传递给大脑的感觉-运动中枢，以便确认和操作物体；另一种受体与大脑中负责社交和情绪的中枢相连。当双方发生身体接触时，皮肤与皮肤相互接触，会引发身体内的激素和情绪反应。温柔、愉快、温暖的皮肤接触可以提升催产素和内啡肽的水平，从而使人们产生幸福感，有利于社交。

对于早产儿而言，尽早让他们接触父母的皮肤，或对他们进行抚触，可以减少他们的哭闹次数，促进其生长发育，改善睡眠质量，并有助于病患婴儿早日出院。带着温柔对婴儿进行抚触和按摩，可以降低婴儿的患病风险，增强他们的体质，同时也能降低成年人和婴儿双方的压力激素水平。

教有抑郁倾向的母亲学习如何对婴儿进行抚触，她们会感到自己的情绪状态有所改善，焦虑和抑郁情绪减少，同时她们的孩子也会更加快乐、亲近人。此外，友好的抚摸也可以缓解青少年的抑郁倾向和攻击性。身体接触的好处不仅仅局限于人与人之间。抚摸宠物也能激活自己的社交大脑，安抚自己。

第 7 章
带给孩子幸福感和积极的人际关系

可能一些人会对这些科学发现持质疑态度，认为从生物学角度探索人际关系过于冷硬。然而，从生物学角度去研究并不会削弱人际关系中的神秘和诗意，反而有助于揭示人际关系的深层复杂性。最新的身体与大脑研究使我们更好地理解和接受自身的状态、潜能、局限、需求、情感、反应和行动方式。我们是由身体、生物特性、情感和思想所组成的有机整体，这些要素缺一不可。

无论我们是否愿意接受，我们前面讨论的内容以及其他许多因素都会深深地影响我们的情绪和情感，并在友情、社交和亲密关系中起作用。

对这些生物分子的研究使我们能够了解大自然的奇妙之处，它们存在的意义超乎想象，不仅是为了种群的延续，更为了其整体的福祉。这些生物分子驱使异性互相靠近、结合并繁衍后代，同时也激发父母照料他们的孩子，确保下一代的健康成长。

如果孩子在生命最初的几个月享受到了充满关爱、尊重、快乐且丰富的互动，他们将更好地成长，并且在将来能够与他人以及自己的孩子建立良好的关系。从孩子降生的那一刻起，父母就是最早能够给予孩子关爱、温柔和幸福感的人。

如果父母无法胜任这个角色，还有其他人可以肩负起这一重要使命。即使孩子经历了一些创伤，凭借人类惊人的自愈力，只要他们在以后的生活中获得关心和爱护，仍然有机会缔造充满爱的关系。

Pour une enfance heureuse
非暴力养育

　　无论孩子身处何种环境，扩大家庭成员、朋友和邻居等人际圈对他们都非常重要。这将拓展他们的视野，丰富他们的阅历，培养他们的社交能力，帮助他们应对在家庭生活中遭遇的挑战。然而，由于生活中的风险和特定情况的限制，我们并不总能都从这种交往中受益。

POUR UNE
ENFANCE HEUREUSE

第 **8** 章

唤醒孩子对生活
的渴望

当父母引导和唤醒孩子，帮助他们了解周围的世界，鼓励他们探索和发现生活之美时，他们正在训练和支持孩子享受生活和成长的乐趣。让孩子发现生活中令人着迷之处，传递给他们对生活的向往，这是父母给予他们当下和未来的宝贵财富。尽管他们的人生会面临各种考验，但他们依然可以为其赋予意义，并快乐地生活下去。

孩子具有蓬勃的生命力。成年人的角色应该是陪伴而不是束缚这种宝贵的力量。这种生命力常常让成年人感到惊讶、困惑和不安，他们可能因为担心而限制孩子。有些成年人出于恐惧，从孩子很小的时候就对他们说："别过去，那里危险！""小心，你会摔倒的！"乖乖站着，别动。"这样的限制阻断了孩子想要探索世界的愿望，使他们变得越来越谨小慎微。

相反，如果成年人对孩子说："你看，那里很滑，小心一点，去吧！"这就是在鼓励孩子学会承担责任，克服恐惧，同时照顾好自己。"去吧，小心一点！"这样的话语可以陪伴并鼓励孩子保持对生活的向往，支持他们的探索，积累经验，同时也让他们意识到其中的风险。鼓励孩子从

第 8 章
唤醒孩子对生活的渴望

小就去探索，有助于他们长大后成为积极主动、有责任感的人。

动机 - 奖励系统

与动机相关的大脑系统被称为"动机 - 奖励系统"，好奇心就是由这个系统驱动的。当我们频繁地激活这个系统时，它会变得更加高效。换句话说，我们的创造力、动力和好奇心就会增强。当这个系统被激活时，我们会从生活中、探索中、创新中获得越来越多的乐趣。正是因为这个系统，我们才会有各种奇思妙想，制定各种计划，并有动力追求我们的目标和梦想。当孩子展现出对某些事物的活力和主动性时，成年人的鼓励和支持可以激活这个系统，增强孩子的驱动力和计划能力。

在这个系统中，多巴胺是其中一个主要的神经递质（见图 8-1）。多巴胺能够让我们充分享受生活，推进我们的计划，并赋予我们活力、勇气和毅力。当我们获得奖励或期望获得可能的奖励时，大脑就会分泌多巴胺。

正如前文所提到的，在亲密时刻，大脑也会释放多巴胺。多巴胺在人际关系中，特别是依恋关系中

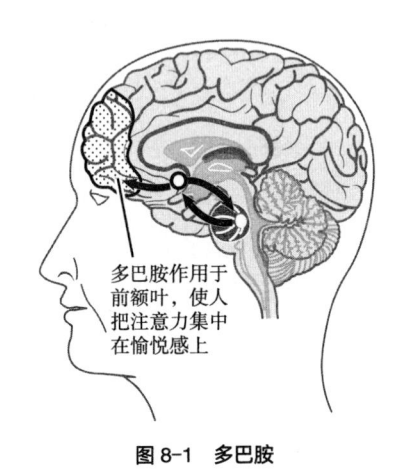

多巴胺作用于前额叶，使人把注意力集中在愉悦感上

图 8-1 多巴胺

183

Pour une enfance heureuse
非暴力养育

起着重要的作用。大脑机制会"奖励"双方共同拥有的珍贵时刻。当父母拥抱自己的孩子时,催产素会刺激多巴胺、内啡肽和血清素的分泌,给人带来强烈的幸福感,让人渴望再次体验这美妙的时刻。当一些人无法从这种亲密关系中获得幸福感时,他们会在其他方面寻求弥补,例如金钱、社会地位、物质需求等。

当动机系统得不到足够的刺激时,多巴胺水平会降低。这会导致人失去动力,缺乏对生活的渴望和乐趣,更容易拖延,无法及时处理事务。

每当成年人阻止孩子主动探索时,实际上是在打压孩子的内在驱动,孩子因此失去体验新事物的渴望。因此,鼓励和支持孩子的好奇心是非常重要的。许多成年人陷入了日常的单调生活,难以振作。当他们回想自己的童年时,可能会发现在成长过程中没有得到足够的支持,生命热情没有得到滋养和培养。

重复的日常生活场景也会减少孩子的生命活力。被虐待、被羞辱、缺乏安全感、恐惧、焦虑和被孤立显然都会削弱孩子的生命活力。一些看似平淡无奇、每天都在发生的情况也会在暗中消耗他们的生命活力,使他们在面对一点困难时退缩不前。以下这些例子可以很好地说明成年人是如何抑制孩子对生活的渴望的:对玩的渴望、对交流的渴望、对理解的渴望、对分享的渴望、对创造的渴望。

- 孩子正在专注地玩耍,他们脸上洋溢着快乐,富有创意地给自己编织故事。这时，一个成年人过来对他们说："别吵！小声点！别到处乱跑！真是一团糟！到那边玩去！"

- 有时候，成年人会对与孩子的交流不耐烦："别没完没了地问问题，你让我很累！"或者完全不理会孩子在说什么，让他们独自看几个小时的电视，没有亲子互动。
- 另外，成年人把孩子的时间排得满满当当的，连"发呆的时间"都没有，这会给孩子带来不小的压力。他们没有时间和空间来做自己想做的事情，无法发挥自己的主动性、想象力和创造力。
- 最后，有些家长对孩子所做的事情毫不关心，当孩子画画或者进行发明创造时，无法得到成年人的鼓励和支持。孩子可能会失去坚持做下去的动力。

所有这些情况都会削弱孩子的活力，扼杀他们的创造力，限制他们的自由和生活乐趣。孩子会因此缺乏自信，变得郁郁寡欢，对任何事情都提不起兴趣；或者相反，他们可能变得焦躁不安，像个没有目标的蜜蜂一样到处乱窜。

让孩子每天都有玩耍的机会

潘克塞普及其团队在探索人们在玩耍过程中的大脑神经回路方面取得了显著的成就。

根据这些研究结果，皮质下的神经回路似乎在背后推动着年轻人的

Pour une enfance heureuse
非暴力养育

嬉笑打闹和戏谑行为，这在人类的神经发育中扮演着重要的角色。玩耍及随之而来的愉悦可以促进杏仁核和前额叶神经回路的发育。在玩耍的过程中，额叶中的 BDNF 水平升高，进而塑造了他们的情绪反应和行为模式。

因此，孩子在玩耍中投入时间不仅能为他们带来巨大的快乐，还有助于促进神经元和突触的发展，同时增强某些神经路径的联结，这对他们的成长非常有益。

需要指出的是，调控情绪反应的神经回路会在青春期之前持续成长。随着年龄的增长，青少年将逐步从儿童式地玩耍转向更符合其年龄段的兴趣活动。

在地上打滚也是一种快乐，可以减轻焦虑

潘克塞普认为，玩耍是所有哺乳类动物幼崽最重要的快乐来源之一。尤其是那些涉及身体接触的游戏，这类游戏本身就能帮助缓解焦虑。当孩子与他们的小伙伴在地上打滚、嬉笑打闹时，这些互动会大幅促进内啡肽的分泌，从而调整他们的情绪状态。内啡肽不仅能够带来强烈的愉悦感和幸福感，还有助于减轻压力和焦虑。

让孩子每天都有玩耍的机会

每天拥有充足的玩耍时间有助于锻炼孩子的社交技巧并提高情商，

第 8 章
唤醒孩子对生活的渴望

这是他们获得整体心理平衡的关键途径。值得一提的是，尽管很多国家禁止为小学生布置家庭作业，但这项禁令很少得到有效执行。这对孩子们的健康成长非常不利。繁重的家庭作业给他们带来了额外的压力，剥夺了他们宝贵的玩耍和休息时间。

对于年幼的孩子而言

轻轻地挠一挠孩子的小肚子，把他们高高举起，或者轻轻地摆动他们的手臂让他们仿佛在跳舞，再或是让他们在你的腿上轻快地跳动，这些都是不可缺少的愉快时刻。孩子和成年人都会乐在其中。

玩耍并不一定需要花费很多钱。在户外透透气，玩玩水，捏制橡皮泥或黏土，都可以带给小孩子无尽的欢愉。有时，一些普通的小物件，如一个桶、一个平底锅、一碗水或者一小堆沙子，就足以满足他们的需求。

孩子通过玩耍了解世界、适应环境并将其内化

当孩子和他们的洋娃娃玩过家家时，他们逐渐模仿并适应了日常生活的场景，特别是那些对他们产生深刻情感影响的场景。他们会一遍又一遍地模拟睡觉、吃饭和上厕所的情景，乐此不疲。他们还会模仿对自己的洋娃娃发脾气，拥抱它，喂它吃饭，给它换尿布。

随着年龄的增长，孩子需要有能激发他们好奇心，让他们自由发挥想象力和创造力的玩具和环境。虽然模仿画作或演奏音乐很有趣，但给

Pour une enfance heureuse
非暴力养育

予他们自由创作自己喜欢的画或演奏内心的旋律会给他们带来无与伦比的成就感。这样不仅促进了他们创造力的发展，还使他们对自己的潜能更加自信。

通过玩耍，他们开始了解自己和他人："哪些游戏适合我玩，我又喜欢哪些？"通过与小伙伴一起玩耍，他们学习体会他人的情绪，理解对方的行为："我最喜欢的玩伴是谁，和谁在一起我最开心？"

体能活动释放了孩子的运动冲动。孩子天生喜欢追逐、打闹、跳绳、攀爬、跳舞和跳房子等活动。如果他们无法通过玩耍释放这部分精力，他们会变得焦躁不安。

通过玩耍，孩子学会遵守既定的规则，学会在失败时不气馁，重新再来。游戏为孩子提供了丰富多样的体验，培养孩子们的各种兴趣、技能和知识。有些游戏可以让孩子体验合作和创造的重要性；有些可以激发孩子的好奇心和想象力，如搭建房子、建造城市；还有一些游戏可以帮助他们学习平衡，建立时间和空间的概念；而另外一些游戏则促进了他们的触觉、视觉、听觉、味觉和嗅觉等感官的发育，让他们真实地体验化学、物理学和天文学的魅力；还有一些游戏可以让孩子走进音乐、舞蹈、绘画、雕塑、魔术、马戏、戏剧、电影和体育等的美妙世界。

户外玩耍提供一种自由的感觉

孩子们渴望自由的空间。无论年纪大小，他们都喜欢在户外玩耍。

第 8 章
唤醒孩子对生活的渴望

户外的广阔让他们感受到无边的自由。同时，大自然还为他们提供了无尽的新奇探索：动物、植物、天空、星星、乡野、森林、山川、湖海、四季交替、矿物结晶等。作为成年人，我们可以引导他们去探索，提出富有启发的问题："你看到了什么特别的吗？你能爬上去看看吗？如果你想摸一摸它的质地，试试看。"然后让孩子自己去探索和玩耍。这不仅可以培养他们的审美观，还会锻炼他们感受、思考、理解和学习的能力，让他们终身受益。

邀请小伙伴来家里玩

对孩子来说，"我家大门常打开"是一种重要的快乐来源。他们享受着与客人相处和获得友谊的快乐，同时可以学会选择真正喜欢的朋友，并与他们分享玩具。让他们自由地笑、玩、争论，除非必要，不要干预他们。充分信任他们是让他们学会相处的最佳方式。相反，过于在意他们的玩耍，过度干涉他们，会妨碍他们独立性的发展，会让孩子失去自信，无法学会对自己的行为负责。

Pour une
enfance heureuse　　　　　　　　　　　经典案例

5 岁的西里尔有些好斗，没有朋友。他的妈妈说："他总是喜欢与人对着干，所以我对他的态度一直很坚决，我会给他立规矩，有时还打他的屁股。"她又有些吞吞吐吐地说："后来，他想邀请一些朋友来我们家玩，但最后也没有成功，因为我一直需要看着他们。

他们会把家里弄得一团糟,然后我还得清理。这实在太麻烦了。"

这位母亲没有意识到,她的孩子经历了两种可能阻碍他的情感发展的情况:她对孩子严厉的态度以及拒绝邀请他的朋友到家里玩。在与我交流之后,她明白了自己需要换一种方式,更温柔地对待儿子,给他一些自由的空间,并允许他邀请朋友来家里玩。几个月后,孩子变得不再那么好斗,变得安静,也愿意听话了。"现在的西里尔好多了。我现在用温柔的方式与他交流,他也能听进去,真是令人难以置信。我还邀请他的朋友来家里玩,我感到非常惊讶,因为他们在家里玩得很好。我甚至觉得这对我来说也很好,因为他不再缠着我,也不会觉得无聊,我也能稍稍松口气。"

时不时和孩子一起玩耍并乐在其中对他们有好处

如果成年人以"专制"的方式主导游戏,或者觉得陪孩子玩只是义务,孩子就会感到紧张和生气,而成年人却不理解个中原因。当父母说"你必须这样做,不要那样做"时,孩子会失去自信,并很快不愿意再与父母一起玩耍。我经常听到这样的话:"我看书上说,必须和孩子一起玩,好吧,我陪他玩,但我其实一点都不喜欢。""那你们是怎么玩的?""我们在玩的时候并不开心。他生气,我也很生气……而且我根本不明白他为什么这样对我。我陪他玩,他应该很开心才对啊,所以我也很生气。"成年人将玩耍视为任务,没有感受到其中的乐趣,孩子立刻就能察觉到。因此,孩子尝试刺激成年人,让他们能够融入游戏中,但他们又处理不好,导致成年人觉得孩子在挑衅他们,于是开始发火。作为父母,应尽

第 8 章
唤醒孩子对生活的渴望

力找一个自己也能从中获得乐趣的游戏，找一段空闲的时间，这样就可以和孩子共度美好的玩耍时光。

电子游戏、网络、电视

当前，孩子们在屏幕前度过的时间已经远超10年前，且有增加趋势。电子游戏、网络、电视和智能手机已经深入了孩子们的日常生活，他们甚至会沉迷其中难以自拔。对许多父母来说，这也成为产生困扰和冲突的原因。尽管这些科技产品开启了一个新的探索领域，带来了无尽的新发现，但我们必须知道如何正确使用它们，以使其有益无害。

成年人必须让孩子明白，他们在屏幕前花的时间需要有个限度。孩子渐渐会认识到，人与人之间的关系和交流无法被取代，身体活动才是真正快乐的来源，生活中还有许多其他游戏值得他们去探索。成年人必须明白，人的大脑会记忆那些暴力的画面。当我们观看暴力场景时，大脑会不断重现这些场景和动作。当孩子观看暴力题材的电影时，他们会学习并记住这些暴力行为，这无形中增加了他们的攻击性。同样地，如果一个孩子从很小的时候就开始看电视，比如3岁之前，他们也会变得更加具有攻击性。

米歇尔·德斯莫盖（Michel Desmurget）在《剖析电视》（*TV Lobotomie*）中写道："电视不仅增加了孩子的攻击性，而且对他们的智力发展、学习成绩、语言能力、注意力、想象力、创造力、睡眠和体态都会产生不良影响，并且容易导致孩子肥胖。"

Pour une enfance heureuse
非暴力养育

和孩子分享我们感兴趣的事物

孩子所处的整体氛围,包括家庭、文化和社会环境,都会对他们的记忆产生影响,并在整个生命留下印迹。对于孩子来说,如果一个成年人愿意分享他所热爱的、能激发孩子动力的事物,那将是无比宝贵的幸福体验。

孩子的世界观、对生活的态度和对自身的信心在很大程度上受他们周围成年人的影响。当成年人感到疲倦或沮丧时,他们可以很容易找到原因,而孩子则需要成年人给予他们勇气、力量和生活的阳光面……这并不意味着要向孩子展现一个理想化的世界,而是要告诉他们这个世界并不是非黑即白,要让他们意识到这个世界的复杂性,并激发他们思考和思辨的能力。

让孩子感受到被爱

当成年人能够照顾好自己、照顾好身边的人,并适应各种各样的生活时,他们就能够唤醒孩子,让孩子意识到自己是这个世界的一部分,并愿意为这个世界的和谐做出一份贡献。成年人有义务帮助孩子在这个世界中找到自己的位置。

温柔地对待孩子,让他们感受到生活的乐趣。用温柔的语言和行为表达对孩子的爱,能够带给他们幸福感,也是他们情感学习的启蒙课。

第 8 章
唤醒孩子对生活的渴望

如果他们感受到被爱，在童年或在成年以后，他们也有能力向他人表达爱。

很多成年人错过了表达爱的时机。他们坦言，自己不知道如何用语言和行动来表达爱。他们发现自己在情感交流上遇到了障碍，在与伴侣相处时感到压抑，这很大程度上是因为他们在童年时期缺乏这种亲密的经历。

当父母给予孩子温柔和关爱时，孩子会从这份滋养中汲取力量，建立和培养自己爱的能力。在这些亲密时刻，孩子感到舒适、平静，可以尽情表达自己的想法，自由地分享困惑、悲伤和快乐。那些与父母共同度过的幸福甜蜜时刻会深深地烙印在他们的记忆中，陪伴他们一生，在遇到困难时给予他们力量。

POUR UNE ENFANCE HEUREUSE

第 **9** 章

让孩子远离日常教育暴力

> 最新的研究表明，孩子天生具备依恋、共情和模仿能力，这使他们在社交互动中游刃有余。然而，我们是否可以将人类的暴力和冷酷归咎于儿童的天性呢？还是因为我们在养育孩子的方式上存在问题？
>
> ——奥利维耶·莫莱尔（Olivier Maurel）

你可能在无意识地使用日常教育暴力

在世界各地，体罚已经成为司空见惯的现象，每天都在发生。无论是在家庭、学校、职场、部队、监狱还是精神病院，都可能存在体罚的情况。有权势存在的地方，就有暴力。虽然在很多国家，这种情况已经得到了显著改善，但在个别国家这一问题仍然突出。

值得肯定的是，随着时代的发展，这种行为已经不再被视为"常态"，也不再被接受。我们生活在一个更加人道和相互尊重的社会中，以体罚来羞辱他人不再被允许。

然而，这种人文主义的巨大进步，仅涉及成年人，却没有惠及儿童。

第 9 章
让孩子远离日常教育暴力

体罚孩子，对他们施以各种惩罚以及身心伤害似乎仍被允许。与禁止体罚成年人相比，只有 33 个国家通过了保护未成年人不受体罚的法律条款。

当我们谈到施加在儿童身上的暴力时，并不仅仅指那些已经严重到触及法律或造成孩子住院的极端事件，这些暴力行为当然会受到法律的制裁。但那些更加"微小"的暴力，在我们的生活中依然被经常当作"良好的教育方式"加以利用。

这种暴力被称为"日常教育暴力"，之所以称为"教育"，是因为它普遍存在于家庭和学校教育中；而"日常"则表明，它每天都在发生，大家已经习以为常，甚至在某些地区还会受到鼓励。把孩子打一顿，训斥他们，从而让他们更听话，被视为很"正常"的事情。

无论在哪个国家，无论文化习俗如何不同，日常教育暴力从未间断。联合国儿童基金会发布的《儿童的进步：儿童保护报告》（*Progress for Children: A report Card on Child Protection*）显示，有 85%～95% 的成年人承认自己曾经采取过此类暴力手段。

对于很多成年人来说，他们认为如果不通过打骂、强制和惩罚孩子，就无法教育好他们。他们认为教育孩子就必须让他们听话，否则就需要让他们在肉体或精神上遭受一些痛苦，以让孩子对成年人产生畏惧和服从心理。

Pour une enfance heureuse
非暴力养育

实际上，日常教育暴力和虐待孩子之间的界限非常模糊，因为某些打着"教育"旗号的暴力行为，对孩子造成的伤害可能超乎我们的预料。

许多成年人认为亲子关系应该建立在权力和支配的基础上，精神或肉体上的痛苦无法避免。成年人常常以制定规矩为借口来惩罚孩子，有时这些惩罚措施极其严苛，令人痛心。

肉体上的折磨

扇耳光、打屁股、揪耳朵或头发，是最常见的体罚方式，许多家长承认曾经使用过这些方法。使用皮带、棍子等物品来打孩子的情况也一直存在，只是家长们往往不愿承认。

在法国,把孩子的头按在水龙头下用冷水冲是一种常见的体罚方式。一些父母平静地告诉我，他们这样做是出于让孩子冷静下来的目的，他们认为自己有权这样做。他们对我说："您知道吗，我用冷水冲他的头，只是为了让他冷静下来。我别无选择，否则他会一直闹个没完！"在克里斯蒂安·博班（Christian Bobin）的作品《疯狂的样子》（*La Folle Allure*）中，一个角色这样描述他的经历："我父亲大声叫喊着，把我拖到水龙头边，然后把我的头浸入冷水中，持续了很长时间，他告诉我要学乖。我一直不明白，一个孩子能在冰冷的水流和喊叫声中学到什么。"

莫莱尔在他的论文《打屁股，教育中的暴力问题》（*La Fessée. Questions Sun La Violence éducative*）中，讲述了不同国家体罚孩子的方

第 9 章
让孩子远离日常教育暴力

式。为了让孩子屈服,这些体罚方式不仅种类繁多,而且充满"创意",其中一些惩罚手段,展现出了惊人的"创造性",同时也暴露了其残酷的一面。

精神折磨

精神上的折磨同样会对孩子的身心健康造成极大的伤害。虽然它们看似微不足道,却可能在孩子的内心留下无法磨灭的伤痕。

"你知道吗,在我们家,每个人都习惯大声喊叫。无论是大人还是小孩,我们不知道还存在其他沟通方式。"那些伤人的、令人尴尬的,甚至带有侮辱性的话语,伴随着大声地吼叫,深深地伤害着孩子的心灵。

- 你这个没用的家伙、讨厌的家伙、万人嫌、受不了你。
- 小恶魔、废物……你就是个寄生虫。
- 闭嘴,别在那儿废话。
- 你就是个懒鬼,什么都做不了,以后你只能当个街边的流浪汉。
- 你怎么这么蠢!什么都不懂,就会乱说。
- 算了,你什么都别管了,你什么都会搞砸。
- 你怎么这么笨呢?随便用什么都会打碎。
- 你又丑又蠢,将来谁会要你啊!
- 你以后别生孩子了,他们都会变得像你一样,我都替他们觉得可怜。
- 我不想管你了,别再叫我妈了/爸了。

Pour une enfance heureuse
非暴力养育

这些话语会深深地刻在孩子的记忆中，引发的痛苦情绪会一直萦绕在他们的内心深处，让他们感到焦虑、悲伤，失去安全感。孩子因此失去了自信和自尊，开始相信他们真的是别人口中那个样子（尤其是父母这样说他们时）：无能、糟糕、愚笨、一无是处……

让孩子感到恐惧、威胁孩子，会适得其反

在对待孩子时，使用恐吓的手段是一种常见的方法，这种手段旨在通过让孩子陷入没有安全感的状态，来限制他们的行为。当孩子感到害怕时，他们会听话，静静地做作业。成年人经常使用威胁来达到恐吓的效果，尽管用警察叔叔和妖怪来吓唬孩子已经有些过时了，但我在咨询中仍经常听到类似以下的话语："你再这样，我就打电话叫警察把你抓走，关进监狱！""让医生给你打针！""等你爸回来，看他怎么收拾你！"等。

对于孩子来说，他们正在不断地探索周围的世界。许多未知事物令他们感到害怕。他们可能害怕一些无法理解的画面或声音，也可能害怕一些奇怪形状的物体或虫子等。在孩子成长的过程中，对未知事物的恐惧是非常正常的。家长的任务是安抚他们，而不是给他们增加额外的恐惧，这样只会让他们失去安全感，加深对世界的焦虑和恐惧。

> **养育的洞察**
> Pour une enfance heureuse
>
> 当父母恐吓孩子时，孩子会对他们产生畏惧，却不会尊重他们。想象一下，当一个孩子突然看到父母发怒时，他们会有

第9章
让孩子远离日常教育暴力

怎样的感受。孩子最大的恐惧源于父母的暴力行为。他们害怕父母无缘无故地威胁、吼叫，害怕父母打他们、惩罚他们，他不理解发生这一切的原因。大吼大叫并不可怕，可怕的是失去父母的爱。真正折磨孩子的是这种恐惧。

与父母预期的效果相反，这种暴力行为的不断重演只会导致孩子与父母关系的疏远。孩子不再信任父母，他们会感到伤心并对父母产生愤怒。

我们已经了解到，儿童在出生时，掌管恐惧情绪的杏仁核已经发育成熟。然而，幼小的孩子还无法运用理智和换位思考来使自己平静下来。因此，他们确实会被这种暴力吓坏。此外，童年时期对于恐惧的记忆会以一种无意识的方式在杏仁核中留下印记，伴随一生。这些恐惧记忆会在他们成年后继续发挥作用，对他们造成心理上的困扰。

有时，带给孩子恐惧的暴力行为，会以善意的面目出现："来，我给你讲个故事吧！"孩子张大嘴巴，觉得成年人所讲的都是真实的。为什么成年人要给2～5岁的孩子讲大灰狼、老巫婆或者大妖怪的故事呢？在这个年龄段，他们还不具备足够的理性思考能力，分辨不出什么是真实的，什么是虚构的。孩子不愿意再回到自己的房间，因为他们担心床底下会有大灰狼和妖怪。他们非常害怕，会做有妖怪的噩梦。是谁创造了这些不真实的恐惧呢？在这个情感十分脆弱的年龄，制造这样的恐惧，又算什么教育呢？

大灰狼不就是这些成年人的缩影吗？他们不去保护孩子，反而威胁

Pour une enfance heureuse
非暴力养育

和吓唬孩子。他们是否还记得自己小时候，当他们被迫服从成年人时内心的恐惧？

对于孩子来说，身边的人非常重要。如果这个人充满关爱，并能在他们心生恐惧时及时出现，孩子会感到被呵护和安全。然而，如果恐惧不断出现，而孩子又缺乏陪伴和支持，他们就会产生焦虑，在面对周围的世界时缺乏安全感。

"令人难以置信的是，除了极少数零星的抗议声音外，古往今来的众多作家、思想家、哲学家、宗教人士，甚至包括当今的人类学家、心理学家和精神分析学家，尽管他们研究了人的本性、品质、缺陷和冲动，却极少认真关注过人在最脆弱和最容易受到影响的年龄阶段经历过的这种暴力。即使他们没有否认这种暴力的存在，也常常认为这种经历是有益的，至少是无害的。"奥利维耶·莫莱尔这样写道。

日常教育暴力的后果是什么？

这些"日常教育暴力"所带来的后果并未被大众广泛了解，而对这些后果的无知导致了这些行为的持续存在。如果成年人认识到日常教育暴力的影响，可能会选择采用其他方式来教育孩子。

这个教育方式在生理上和心理上对孩子造成了巨大的伤害，而且这种影响会持续到他们成年。这是孩子最大的压力来源之一。他们无法摆脱，也无力反抗，因为成年人在生理上对他们有压倒性优势。他们只

第 9 章
让孩子远离日常教育暴力

能默默忍受。在大多数情况下，孩子完全无法自卫，他们被巨大的无助感所笼罩，不得不忍气吞声，被迫屈服。正如我们之前提到的，正在发育中的孩子，大脑极为脆弱，压力会对他们整个机体造成生理功能的紊乱。

打孩子屁股引发的严重恶果

"我小时候也被打过屁股，可你看，我现在不还是好好的。屁股上挨一顿揍没什么大不了，但是孩子总得管教，不然怎么办？"

这句话经常被当作玩笑话，但是它对孩子是否造成伤害呢？人们进行了许多研究，但是却很少有人了解。尽管我们已经做了大量宣传工作，但仍有很多父母对此不屑一顾，坚持认为"打一顿屁股而已，没什么大不了的"。

得克萨斯大学奥斯汀分校的心理学家伊丽莎白·葛修夫（Elizabeth Gershoff）研究了关于打屁股对孩子的影响的相关论文。她发现打屁股与孩子出现攻击性行为、反社会行为以及焦虑症、抑郁症等心理问题的风险存在明显的关联。

新奥尔良大学的凯瑟琳·泰勒（Catherine Taylor）对 2 461 位 3 岁左右的孩子的母亲进行了研究。这一年龄的孩子尤其容易被打屁股，很多孩子每个月至少会挨两次打。为确保研究结果的准确性，泰勒排除了那

Pour une enfance heureuse
非暴力养育

些有暴力倾向的母亲，如在童年时期经历过母亲的身体和精神虐待、受到伴侣家暴、有抑郁症或有吸毒习惯的母亲。

泰勒在这些孩子3岁和5岁两个阶段进行了评估。她发现这些孩子在5岁时表现出了明显的攻击性：他们会攻击他人，破坏自己和他人的物品，大声喊叫，挑衅和威胁他人。这项研究揭示了暴力的循环：当孩子受到暴力对待时，他们自己也学会了使用暴力，而且被暴力对待的程度越严重，他们自己也会变得越粗暴。

近年，有4项不同的研究证实了打屁股和打耳光对孩子的负面影响。

其一，由加拿大马尼托巴大学的社会科学教授特蕾西·阿菲菲（Tracie Afifi）主持的一项研究，有34 653人参与其中。研究结果显示，儿童时期遭受体罚（如打屁股、打耳光）与成年后的情绪障碍（抑郁症、躁狂症）、焦虑症、酒精和药物依赖，以及人格障碍，尤其是分离障碍存在关联。

其二，威斯康星大学的凯瑟琳·马奎尔-杰克（Kathryn Maguire-Jack）对3 870名曾被打屁股的孩子的行为进行了研究，这些孩子的年龄分别为1岁、3岁和5岁。研究发现，这些孩子表现出明显的焦虑、抑郁以及攻击性。

其三，葛修夫对来自不同文化背景的11 044个家庭进行了研究，并证明打屁股与孩子的攻击性增强、多动症、违法行为和反社会行为之

第 9 章
让孩子远离日常教育暴力

间存在关联。

其四，丽贝卡·沃勒（Rebecca Waller）在牛津大学进行了一项研究，研究对象为 731 名 3 岁和 4 岁的儿童。她比较了积极共情式教育和惩罚性教育对孩子行为的影响。惩罚性教育包括体罚（如打屁股、打耳光）和精神上的折磨。研究结果显示，接受惩罚性教育的孩子通常表现出麻木、散漫、冷漠和撒谎的倾向，与另一组完全不同。

为什么父母无力摆脱教育暴力

哈佛大学的研究者友田明美（Akemi Tamada）对 23 名年龄在 18～25 岁的年轻人的大脑进行了磁共振成像扫描。这些在 12 岁之前经历了持续 3 年的体罚，包括被用皮带抽打，平均每年遭受 12 次抽打。他们的父母有意地以冷酷的方式对待他们，认为这是好的教育方式。研究者将这 23 名年轻人的大脑与另外 22 名没有在童年遭受暴力的年轻人的大脑进行了比较。

研究发现，这 23 名曾受到体罚的年轻人的前额叶皮质体积明显更小。受影响的区域位于前额叶皮质的前端，这是一个主要负责社交生活的区域。该区域与个体对自我的认知、情感和理解他人的能力以及自我反思能力密切相关，同时在注意力和工作记忆中也发挥作用。

哈佛大学泰彻的团队的研究表明，对孩子使用皮带抽打或其他体罚方式会损害其多巴胺通路（动机-奖励系统），这可能导致他们更容易对酒精和药物形成依赖。

威斯康星大学的汉森对31名受到不同方式体罚的儿童进行了大脑磁共振成像研究，并与41名没有受到体罚的儿童进行了比较。结果显示，受到体罚的儿童眶额区皮质体积明显更小。我们前文已经提到，眶额区在情绪控制和社交生活中发挥着重要作用。因此，这可以解释为什么受到体罚的孩子在社交生活中可能遇到困难。

泰彻发现遭受虐待的儿童的海马旁回体积会缩小，而海马旁回在学习和记忆中起着关键作用。另外，一项由乌多·丹洛斯基（Udo Dannlowski）领导的德国研究指出，海马旁回体积缩小与大脑的恐惧中枢杏仁核的过度反应有关，并且这些变化会一直持续到成年后。

伤人和侮辱人的话语会对孩子造成灾难性的影响

并非所有的孩子都曾受到体罚，但是很多孩子却经历过成年人、家长或老师的"语言攻击"。许多成年人认为那些贬低和伤人的话语似乎没有什么危害。

泰彻对554名曾在童年时期遭受虐待的成年人进行了研究。他发现相较于遭受身体虐待的人，那些遭受情感虐待的人更容易出现心理障碍，如焦虑症、分离障碍、抑郁症和攻击行为。

第 9 章
让孩子远离日常教育暴力

哈佛大学的崔吉旭证实了父母使用侮辱性、伤人的言语对孩子造成严重后果的观点，这种言语会损害孩子神经回路的功能以及负责语言理解的大脑区域，从而导致焦虑症、分离障碍、抑郁症和一些身体症状。

其他研究也表明，语言伤害所带来的潜在后果与身体虐待同样严重，可能引发犯罪和严重的攻击行为。这些孩子可能表现出自恋或边缘型、强迫型、偏执型等类型的人格障碍。

成年人并非唯一的罪魁祸首，当这些侮辱性的言语来自其他孩子时，同样会产生有害的影响。被其他孩子羞辱的孩子通常会表现出抑郁症、焦虑症、攻击性或分离障碍，并可能导致药物滥用的行为。泰彻指出，11～14 岁之间的孩子特别容易受到影响。

心理障碍

前文已经提到，日常教育中存在的暴力行为将导致一系列心理问题。然而，令人惊讶的是，那些以暴力来压迫和支配孩子的人，恰恰是应该向孩子传递正确行为方式的人。成年人的这种言行不一的做法让孩子处于极大的焦虑之中，没有人来引导他们，告诉他们通向幸福和尊严之路的方向，他们因此感到困惑茫然。

那些压迫孩子、让他们感到恐惧并迫使他们顺从的教育方式，与我们所期待的"成功教育"的结果大相径庭。孩子失去了安全感，陷入严

Pour une enfance heureuse
非暴力养育

重焦虑，怀疑自己的能力，失去了自尊。这进一步引发了一系列严重的问题，包括烦躁不安、粗暴、挑衅、自我封闭和抑郁症等。更糟糕的是，这种教育方式还会增加出现其他问题的风险，比如犯罪行为、药物滥用甚至自杀。

莫莱尔曾这样写道："挨打的孩子会马上听话，因为他们怕再挨一次。但这同时也是他们对于怯懦和软弱的最初体验。通常，他们一有机会就故态复萌。这是他们对于虚伪的最初体验。最后，他们会以违抗父母为乐，这是挑衅的最初体验。怯懦、虚伪、挑衅，这真的是父母想要教给孩子的东西吗？"通过这段话，莫莱尔表达了日常教育暴力的荒谬之处。

情感困惑

这种暴力行为的另一个严重后果是，孩子会陷入巨大的情感困惑之中。当他们意识到自己最亲近、最依恋的人，自己的守护者，同时也是对自己使用暴力、羞辱、虐待、贬低，以及阻碍自己前进的人时，他们的内心会变得何等纷乱和不安？我曾经与一个4岁的小女孩对话，她告诉我她的母亲非常恶毒："我妈妈就像个坏巫婆！她让我害怕！"

对于那些他们敬畏、崇拜却粗暴对待他们的成年人，例如家庭成员、保姆、托儿所阿姨、老师或其他教育工作者，孩子可能会感到不同程度的困惑。他们年幼，只能被动地接受以各种名义施加在他们身上的暴力。

第 9 章
让孩子远离日常教育暴力

因此，他们对于爱的含义产生了疑惑和混淆。如果我们口口声声说着爱、被爱和给予爱，却同时实施暴力、羞辱和压迫，这又有何意义？孩子可能会有意识或无意识的同时爱和恨他们的父母。他们认为爱和恨必然是一体的，从而扭曲了他们对于爱的理解。

这种看待爱的方式相当常见，我在来咨询的孩子和家长的身上以及在小说和电影中经常遇到。许多成年人自己在童年时期也有过这样的经历。因此，在他们心中，爱与暴力、爱与恨、爱与侵犯是不可分割的，他们坚信这是普遍真理。在他们的生活和工作中也经常出现这种纠结的爱恨关系，他们在受害者和施暴者之间不停地摇摆。

如果一个人有幸度过美好的童年，生活在充满关爱和尊重的家庭氛围中，没有专制的存在，也不会被迫做不愿意的事情。当这个人成年后，他（她）会明白爱与羞辱、恨、暴力、权力、控制和占有之间没有任何关系。爱带给人自由、安全感、内心平静和幸福。

当出现分歧时，这个人会坦诚地表达自己的感受，但并不觉得有必要将自己的意愿强加于他人，去控制或占有别人。

暴力的学习和传播

这种暴力不仅会对孩子的大脑造成伤害，还会诱发行为障碍，更为关键的是，这种暴力行为具有诱发性。在孩子 3～5 岁的时候，如果他们遭受了暴力，他们将从中学习如何施暴。尽管这些暴力看似微不足道，

Pour une enfance heureuse
非暴力养育

但孩子在学会如何施暴之后还会将这种行为代代相传，这才是其严重后果所在。

孩子会模仿成年人，不管成年人做了什么，都会成为他们的模仿对象。对孩子施暴就是在教导他们使用暴力，教导他们用暴力解决问题。这对他们来说是生活中对权力关系、强弱关系的初体验，而他们也会将这种权力游戏应用到自己的生活中，如打自己的兄弟姐妹，或者在儿童乐园欺负比他们弱小的孩子。

> **养育的洞察**
> Pour une enfance heureuse
>
> 成年人对孩子进行言语羞辱，其实是在树立一种极其错误的榜样。那些在家中受到打骂的孩子往往会在游戏中重现他们的经历。有时他们扮演施暴的成年人角色，有时他们扮演受害者——事实上，他们更倾向于扮演后者。这类游戏从孩子很小的时候就开始了，我们在托儿所、幼儿园或者儿童乐园经常能见到这种情况。
>
> 相反，那些没有经历暴力压迫的孩子在与他人一起玩耍时，并不具备攻击性倾向。因此，我们必须终止日常教育暴力，因为它会像一根链条一样将暴力行为传递下去。

爱丽丝·米勒

爱丽丝·米勒（Alice Miller）1923年出生于波兰，2010年在法国

第9章
让孩子远离日常教育暴力

的圣雷米逝世,她是一位哲学家、心理学家和社会学家。她是最早指出成年人暴力教育对儿童成长、发育和未来造成影响的学者之一。

她认为,那些在童年遭受过虐待的成年人往往会重新制造他们所遭遇的经历。因为他们从未得到过共情,所以也无法对他人产生共情。

1999年,她接受了日常教育暴力观察组的创始人莫莱尔的采访。在采访中,她清晰地总结了自己的观点:

- 成年人暴力和破坏欲的根源,在于他们童年时所遭受的和被压抑的创伤。渐渐地,我从我的患者身上发现,他们童年时期遭受的创伤会在成年后转变为破坏欲。他们经历了非常不幸的童年,却不愿意承认这个事实。他们会理想化自己的父母,并对我和他们自己隐瞒真相。
- 如果从最开始就给予孩子足够的尊重、爱和保护,就可以避免这种破坏欲的形成。你可以告诉一个孩子要有责任意识,不能把伤害另一个孩子当作儿戏。但是对于从未学会对他人共情的人来说,这句话毫无意义,因为从来没有人真正理解过他们。他们只学会了冷酷无情,这成为他们所有行事方式的基石。父母教会他们的是行使强权,而不是承担责任。
- 用道德标准来代替共情是非常危险的事。在一个只有冷漠而没有共情的环境中,无论行为是否符合道德标准,你除了服从和隐藏自己的破坏欲之外,什么也得不到。这就是为什么在一些教会学校中仍然存在体罚学生的现象。人们希望通过体罚来培

Pour une enfance heureuse
非暴力养育

养负责任的孩子和成年人，这实在荒谬，因为这只会适得其反。
- 真正的权威并不是通过暴力展示自身的强大，也不是通过抡拳头和扇巴掌来对待孩子。相反，对孩子使用肢体暴力只是施暴者自身软弱和无能的体现。因为，在这种情况下，我们所展示的不是权威，而是强权和无知。

她在自己的著作中还研究了许多暴君和独裁者的童年经历，发现他们的共同点是都有一个遭受压迫、屈辱和暴力的童年。"这些独裁者在童年时期从未得到过来自父母的尊重。当他们获得绝对权力后，就会采取各种手段迫使民众臣服于他们"。

白丝带：罪恶之源

奥地利导演迈克尔·汉尼克（Michael Haneke）的电影《白丝带》（*Le Ruban blanc*）在 2010 年戛纳电影节上荣获金棕榈奖。该影片深入探讨了成年人对儿童施加暴力的问题。故事发生在第一次世界大战前的德国小村庄。导演表示："我想通过一部电影来揭示罪恶的根源，去了解在德国年轻人的教育中，是什么导致了纳粹主义的兴起。"

这部电影以惊人的现实主义手法展现了一种借着所谓良好教育名义不断对孩子施加言辞羞辱和身心双重折磨的行为。这种有毒的教育模式不仅来自父母，还来自学校和神父。这些孩子所遭受的暴力为战争埋下了种子。他们学会了屈服于权威，同时也学会了使用暴力。

第 9 章
让孩子远离日常教育暴力

从"道德制高点"引发的道德规则混乱

人们往往不愿意承认那些令他们感到痛苦的事实，而那些频繁遭受体罚的孩子，为了掩饰自己的受伤，常常以一种挑衅的口气说："这没什么，一点都不疼。"

> **养育的洞察**
> Pour une enfance heureuse
>
> 通常情况下，孩子不会反抗自己的父母。然而，长此以往，他们会把受到的暴力发泄到自己的兄弟姐妹或同学身上，并在成年后将这种暴力发泄到自己的伴侣或孩子身上。那些在暴力环境中长大的男孩可能会成为对自己的妻子施暴的男人，而女孩在成为母亲后则可能对年幼的孩子施加肉体或精神暴力，对伴侣或年长的孩子使用言语暴力。

孩子会否认他所经历的一切，他会在自己周围筑起一道厚厚的外壳，通过切断自己的情绪感受和对他人的情绪感受，来抵御所有的羞辱。他们变得麻木，什么也"感觉"不到，无论是对自己还是他人，都无法产生共情。

当被问及："当你的父母以这种方式惩罚你时，你有何感受？你心里在想什么？"

他们会回答："没什么感觉，既然是我的父母在惩罚我，那应该是

Pour une enfance heureuse
非暴力养育

正常的吧。"

成年人的支配地位

在儿童面前，成年人处于支配地位。通常情况下，孩子只能被动接受这种暴力。由于父母与孩子之间一直是支配与被支配的关系，所以孩子认为这种情况是正常的。因此，当他们遭受暴力时，他们很少说话，甚至一声不吭。他们学会了忍耐，宁愿在内心中筑起高墙来保护自己，也不愿意指责自己的父母。对他们来说，质疑或指责自己的父母是他们做不到的。

这种态度在成年人中也存在。据统计，85%～90%的成年人曾经经历过日常教育暴力。然而，大部分人会否认自己的遭遇，或者认为这是正常的。

我惩罚你，是为了你好

当成年人对孩子使用暴力时，他们往往以一种既痛心又严厉的态度对孩子说："我惩罚你，是为了让你明白这么做不对，都是为了你好。我想让你成为一个有教养、守规矩的好孩子，而不是一个不懂事的坏孩子。"

然而，孩子能从这番话中理解什么？这个成年人做了禁止孩子做的事情："爸爸有权打我，但是我无权反抗，他还说他打我是为了我好，但是我觉得一点都不好……我搞不懂。"

第 9 章
让孩子远离日常教育暴力

成年人的这种说辞为他们对孩子施加的所有过分行为和伤人的话语找到了一个合理的理由。只要成年人说"这都是为你好",他们就不再有什么负罪感。相反,如果孩子反抗,那就意味着孩子有错,因为父母是"为了他好"。所以孩子就应该闭嘴,乖乖接受惩罚。

对孩子来说,这种打着道德旗号的施暴行为可能会让他们对道德规则产生困惑:"为了做好一件事,我有权做坏事!所以当我和某人发生冲突时,为了他好,我可以从肉体或精神上对其施加暴力!"

成年人为什么要改变这种教育模式

当孩子长大成人后,他们可能会说:"为什么你要求我改变我教育孩子的方式?我就是这么长大的,如你所见,并不差劲啊。我父母做得不错,如果他们当时不对我严加管教,我就不会是今天这个样子。所以,我对儿子所做的一切都是在教育他,是为了他好。"

大部分成年人都认同父母给予的教育,他们不会质疑自己,也不会质疑父母,因为他们觉得"这是我应该的,我的父母做得对。"于是,这种教育方式就会代代相传。

"小霸王"标签助长了成年人使用强硬手段

有些所谓的"专家"对成年人发出警告:"小心,你的孩子正在操纵你!他们在牵着你的鼻子走!""你必须时刻保持警惕,不能纵容孩子,

Pour une enfance heureuse
非暴力养育

否则就会受他们摆布，你就束手无策了。这个家就会被孩子统治。因此，孩子从小就必须接受严格的管教！"

父母听到这些话会感到担心："我担心我的孩子会变成一个'小霸王'，什么都得顺着他的意愿。我在电视或广播里听过这样的事情。据说，如果不进行严格的管教，孩子就会变成那样，尤其是在犯错时必须受到惩罚。您能理解吗？这让我非常担心，所以我听从了这些建议，对他进行惩罚。"

这种说法强化了成年人的一个观念，即孩子从小就必须受到严格的管教。

将孩子标签化为"小霸王"阻碍了教育方式的改进。

这种标签化让人们认为"事实如此"，妨碍了我们对教育的反思。一旦有了这个标签，我们就不会再去了解孩子的特殊性、情绪的脆弱性、大脑的不成熟和易受伤的特点。这种无知会导致成年人做出不恰当的反应。

"小霸王"标签颠倒了责任

"小霸王"标签颠倒了责任，将儿童置于施暴者的位置，而成年人则变成了受害者。然而，在成年人与孩子的关系中，谁才是处于支配地位的呢？谁更脆弱？成年人和孩子，谁更像一个施暴者？实际上，

第 9 章
让孩子远离日常教育暴力

成年人与儿童的关系在生理上和道德上都存在不平等。成年人凭借生理上的优势可以压迫孩子，同时在道德、心理和智力方面也有更大的影响力。这种不平等的关系使得成年人可以轻易或过度运用权威，强迫孩子服从和按照自己的意愿行动。因此，"小霸王"的形象或家长对"孩子会支配父母"的担忧是毫无根据的，因为实际上拥有绝对权威的是成年人。他们通过这种对权威的运用，迫使孩子随时按照他们的意愿行事。

这种"小霸王"概念已经不再符合目前关于儿童早期大脑不成熟、脆弱和易损的认知。

孩子是"很好的替罪羊"

这种持续存在的暴力现象还有一个我们不愿承认的原因，那就是从生理上来看，孩子们非常脆弱，我们很容易就能够对他们施加压力。

米勒在她的著作《恐惧中的儿童》（*L'Enfant sous la terreur*）中提道："当今社会，一个成年人可以任意地折磨孩子，将他们当作自己发泄屈辱的工具。然而，所有人都对此保持沉默。"这种情况确实存在。

对于那些在童年时期遭受心理或生理虐待的成年人来说，他们常常有意无意地将孩子当成替罪羊，是一种潜意识下的报复。当成年人感到愤怒或焦虑时，他们很容易将这些情绪转移到孩子身上，拿他们来撒气，因为孩子在对抗中过于弱小。成年人并不害怕孩子，他们可以轻易地利

217

用自己的体形优势来制服孩子。

正如有人所说："您可不知道，有时候我家孩子多让我生气！对他发火至少能让我心里痛快一些。"这句话表达了某些成年人用孩子来发泄情绪的心理需求。

"烦人的小怪物"

"他不停地做蠢事，让我烦得不行。他到处乱跑，我敢肯定他是故意的，只是为了气我。我得好好教训他一顿，这次要让他长个记性。总之，我是真没办法了。"

孩子的活力掩盖了他们的脆弱，给人一种错觉。年幼的孩子充满了无穷的精力，展现着他们的生命力，他们需要空间，不会总是待在一个地方。

他们会大声表达情绪，笑得前仰后合，稍不如意就哭得声嘶力竭，他们不会和你讲道理。在 5～6 岁之前，孩子们都是这样"烦人"。他们的想法和行为与成年人完全不同。旺盛的生命力驱使他们奔跑、攀爬、探索。他们的热情无处不在，对任何事物都充满好奇，他们想要去触摸、了解、玩耍。

他们经常胡思乱想，活在自己想象的世界里。他们的生活中没有那么多"应该做的事"，也没有时间概念，不需要为日常生活而烦恼。

第 9 章
让孩子远离日常教育暴力

孩子天生具有这些特点，这让很多成年人感到困扰。因为成年人更希望孩子能像他们一样"做些正事"，关注日常生活，参与家庭事务。

孩子必须听话，不能到处乱跑，必须乖乖地坐好，服从命令；他们还必须保持干净，守规矩，不挑食，帮忙做家务，按时上床睡觉，还不能抱怨。总之，不能"像孩子一样，没有正形"。

尽管这个话题本身令人反感，但我们现在有客观证据表明，暴力行为会对孩子的大脑功能和生长发育产生负面影响，而且这种影响会持续到孩子成年以后，涉及他的生活方式、人际关系以及实现自我的能力，关系到他是否能过上自己想要的生活。

POUR UNE ENFANCE HEUREUSE

第**10**章

成为孩子的"引导者"
而非"领导者"

孩子的成长，不能太孤单

当家庭仅由父亲、母亲和孩子组成时，容易产生一种压抑的氛围。一个向朋友、亲戚和邻居敞开大门的家庭才能拥有更多活力和快乐，并从中获益良多。

这样做还有一个好处，就是父母身边会有足够多可信赖的成年人。当父母有需要时，他们可以放心地将孩子托付给身边的人，无论是一个晚上还是一个周末。这样，父母和孩子能更好地享受全家人在一起的时光。偶尔将孩子托付给他人照看，自己并不需要感到内疚，这是非常必要的，也是维持家庭平衡的重要方式。孩子不应该过于孤单地成长，如果他们一直处于孤独状态，会引发许多问题。

当与孩子相处出现问题时，与其他父母分享和交流是梳理问题的第一步。随后，在冲突平息后，就可以重新与孩子建立联系，恢复沟通，让他们充分地表达自己，并倾听他们的声音。通常，这些措施就足以消除与孩子之间的隔阂。

第 10 章
成为孩子的"引导者"而非"领导者"

如果问题依然存在,可以再次与那些值得信赖的人或身边的人进行交流,这可以帮助父母获得新的视角。

最后,如果家长无法解决问题,还可以寻求家长协会、各种互助小组的帮助,也可以咨询心理医生、儿童精神科医生、儿科医生等专业人士。

给孩子无条件的爱与信任

爱的能力并不是由法律赋予的,而是取决于他们所接收到的关爱的程度和质量。孩子的健康成长需要无条件的爱:理解他们、接纳他们的一切,无论是他们阳光的一面还是阴影的一面。这份爱包容了孩子所有的情感和情绪,无论是忧伤、喜悦、热情,还是愤怒、嫉妒、焦虑。即使在他们的情绪对成年人造成困扰时,这份爱依然能够毫无保留地给予。

无条件的爱滋养着孩子,使他们能够和谐成长。他们会因此获得内心的安全感、自信、平和以及对自己的正确评估,他们的自信心会使他敞开胸怀面对他人和生活。

然而,这种对孩子至关重要的滋养,并非所有孩子都有幸拥有。有些父母无法给予孩子这样的爱,因为他们自己从未得到过。有些父母认为他们爱自己的孩子,只是在孩子"听话""乖巧"或者在考试中取得好成绩时,才表现出对他们的夸奖。这会让孩子感到困惑,因为他们无

Pour une enfance heureuse
非暴力养育

法确定父母爱的是他们本身，还是那些能令父母满意或开心的事。

信任与爱密切相关，信任是爱的源泉。自信心的产生并非完全取决于自身，还有他人给予的肯定。首先是父母，然后是周围的人。当孩子听到诸如"我相信你""我对你充满信心"或者"你有能力独立生活，而且会过得很好"的话语时，就仿佛得到了一种赞许，鼓励他们努力生活。

一个充满温暖、关爱、没有偏见的家庭环境能够给人以信心和安全感。父母了解孩子的天赋和能力，并给予鼓励，孩子就会信任他们的父母。通过建立基于内心深处安全感的自信心，孩子能更好地了解自己并采取行动："是的，我明确知道自己喜欢什么，知道自己是怎样的人，知道自己可以做什么。"

这种相互信任会形成良性循环，使生活变得更加轻松、简单。信任有助于孩子自我认知和自尊的建立："如果有人信任我，那说明我是一个好人。"获得信任是他们茁壮成长的起点，尤其当这种信任来自他们尊敬的人或榜样时。

然而，如果这种信任缺失，孩子眼前就是一片黑暗。父母整日为他们担忧，监督他们，控制他们。生活对父母和孩子来说都变得艰难。从孩子很小的时候起，他就会听到"你今天又闯什么祸了？"这样的话。这种不信任和怀疑的语气非常有害，无形中不断对孩子施加压力："爸妈认为我什么都做不好。"这种信念在他的成长过程中会一直植根于他们的思想中，使他们对自己和所有可能让父母担心的事情失去信心。恶

第 10 章
成为孩子的"引导者"而非"领导者"

性循环因此产生。

"你真是个废物，真不知道拿你怎么办才好？""啊，又搞砸了，这是意料之中的事情。""你怎么那么笨，又把东西摔了，我真受够你了！"这些伤人和带侮辱性的话语，长期累积，就像毒药一样刺痛了孩子的内心，破坏了他们的自我认知。最终，他们会开始相信他人对自己的评价："是的，我就是个废物，毫无疑问！"

对于在父母面前或无法从自己身上获得安全感的孩子来说，他们会怀疑自己的能力，缺乏自信，变得腼腆、多疑、内向，不敢表达自己，也不敢承担责任。由于缺乏自信，孩子害怕自己得不到爱，因为他们被认为是"差劲的、无用的"，他们就会一直依赖父母，渴望得到他们的爱。因此，他们无法独立，一直处于依赖状态，希望获得父母的关爱。

给孩子足够的自由、空间和自主权

信任和自由是相辅相成的。当父母对孩子充满信任时，他们会根据孩子的年龄和能力，给予他们足够的自由、空间和自主权，让他们有机会去追求自己想要做的事情。

相反，对于那些经常受到监视和控制的孩子来说，他们会对父母和自身失去信心。有些孩子每天晚上都会听到这样的质问："你的作业做完了吗？回答我！别光答应，把作业拿出来给我看看。"对孩子缺乏信

Pour une enfance heureuse
非暴力养育

任使得他们失去了自主空间，他们感到窒息，也难以培养自己的责任感。

11岁男孩艾略特的妈妈苦恼地说："我真不理解，为什么我总得提醒他做作业，而且做作业还要我陪着。我觉得好累！"

"那如果你不管他呢？"

"不用想就知道，他永远都不会去做作业。他完全没有自主能力，我得一直在他身边督促才行。"

"那如果你不管他，会有什么结果呢？"

"他的成绩会变得糟糕透顶。"

"可是，在这种情况下，这个成绩是他自己的成绩，是他自己的学习成果，而不是你的。他做到了为自己的成绩负责。也许他希望你不再陪着他做作业，你问过他吗？他想自己决定是否要完成作业，并承担后果。如果你总是在他身后帮他，他又如何学会独立承担责任呢？"

"我完全不相信他能做到。"

"那你想试试吗？"

起初，艾略特感到惊讶，然后对妈妈生气。因为之前有妈妈的帮助，

第 10 章
成为孩子的"引导者"而非"领导者"

他可以轻松取得好成绩,但现在,他的成绩越来越差。然后有一天,他决定自己做作业,并体会到学习的责任感。当他取得好成绩的那一天,他感到自豪,他变得有能力,且值得信赖。

关于自主性的问题

有时候,父母希望孩子能够早日独立自主,即使在孩子还无法做到这一点的年龄段,他们都会表达出对孩子缺乏独立性的担忧:"我太担心了,我的孩子一点都不独立!"这种失望是可以理解的,因为教育的目标之一就是培养孩子成为能够独立自主的人。然而,父母有时候忘记了真正的自主是需要很长时间逐渐建立的,而不会一帆风顺。自主的过程中会有进步和挫折、欢笑和伤痛。

有时候,父母希望孩子早日独立,反映了他们渴望自己能够早日摆脱教育孩子这一沉重的负担。养育孩子的责任太过繁重,他们无力承担。孩子的存在对他们而言成为一种约束,他们希望孩子能够自己去应对生活的种种挑战。

自我认知是一项基础性的工作,让我们能够选择内心深处的愿望,走向我们前进的道路。在这方面,我们需要他人的帮助。

作为父母,最令人激动的角色之一就是帮助孩子认识自己,引导他们去感受、理解和探索那些激发他们前进动力和探索欲望的事物,让他们认识与了解自己的兴趣、才能和缺点。

Pour une enfance heureuse
非暴力养育

当父母用恰当的话语道出孩子当前的情绪感受，并以客观的方式评价他们所经历的事情时，就是在帮助他们表达自己真实的感受。孩子可以自由地表达愤怒、欲望、消沉、嫉妒、悲伤、焦虑、喜好等，而不用担心被父母驳斥。当他们谈论自己的快乐和奇妙的发现时，成年人可以微笑倾听，与他们分享这份喜悦。

细心的父母会从孩子很小的时候起就注意他们对什么事物感兴趣，并用这种方式向他们指出："哦！我看你好像挺喜欢玩这个的……那个似乎对你没那么有吸引力……对吗？"他们让孩子深深扎根于自己的本性，培养他们独一无二的特质。当孩子得到成年人的支持时，他们就能在这种信任中展现出自己独特的个性。这种自我认知会随着年龄和阅历的增长而不断加深，为他们将来选择自己的道路奠定基础。

认识自我需要时间

当孩子向我们表达困惑、担忧或面临两难选择时，成年人应耐心倾听，不要轻易打断。我们需要安慰孩子，告诉他们犯错是正常的，可以重新开始；了解自我、找到适合自己的道路以及发现自己真正喜欢的事物都需要时间。生活中没有一帆风顺，每个人都会经历尝试、犯错、怀疑、各种美好和不美好、希望和失望。

当孩子能够感知到内心深处最适合自己的事物和他们真正爱的人时，他们将步入自我和谐的状态，让生活变得更加有意义和幸福。

第 10 章
成为孩子的"引导者"而非"领导者"

作为家长，我们需要耐心陪伴孩子度过童年和青少年时光，让他们学会对自己和周围的事物负责。这样，孩子就能自信地生活，变得有责任心和自主。自主意味着对自己的行为负责，在充满无条件的爱和信任的环境中逐渐成长。

当父母信任自己的孩子时，他们也会变得从容自信。孩子也能更清晰地知道自己需要什么。他们会照顾好自己、了解自己，并知道什么对自己有益，从而更好地应对生活中的各种挑战。

理解和安抚并不意味着让步和放纵

许多来咨询的父母对他们 3～4 岁的孩子表现出类似的担忧：孩子打了他们或说了令他们感到愤怒和不安的话，如"你是个坏人，我不喜欢你了，你不好看"。然而事实是，孩子说这些话往往只是为了获得关注。他们真正想说的是："爸爸、妈妈，我在这里，请陪陪我，不要总是盯着手机、电脑或电视。"

当孩子以没礼貌的方式寻求家长关注时，家长必须学会解读他们的话语背后的真实意图。在大多数情况下，孩子只是想要与父母共享亲密交流的时光。

在 5 岁之前，孩子的这种表现往往是对他们所处的生活环境的反映。如果他们行事粗暴，可能是因为有人对他们做过类似的行为；如果他们

Pour une enfance heureuse
非暴力养育

说话伤人，可能是因为他们听到家里的成年人或其他孩子对他们说过类似的话，如"你这样做太不懂事了，太让我丢脸了"。

许多时候，父母是最先承受孩子这些言行的人。如果应对不当，就会形成一种恶性循环，与他们想要的结果背道而驰。

如果父母大声呵斥孩子、动手打孩子，并命令他们："住手，马上向我道歉。""回你的房间去，冷静下来后再回来向我道歉。"这样做的结果通常是："我不明白，我打了他，惩罚了他，但都没有用！相反，他越来越固执，他找碴，挑衅我，同时又希望我抱抱他……"这种情况经常发生，孩子的反应让父母感到困惑，他们会认为自己的孩子可能有性格缺陷，只有惩罚才能平息孩子的愤怒。

当父母对孩子缺乏同理心，表现得过于严厉和死板时，孩子对他们的怨气就会加深，可能会逐渐发展出暴力倾向。他们希望让别人也经历自己所承受的痛苦，试图控制他人，强迫他人顺从自己，甚至通过挑衅来引起父母的关注和关心。

另一种情况是，孩子变得自我封闭、抑郁、情绪不稳定，或者对一切听之任之。无论孩子采取何种态度，是攻击还是压抑，他们内心都失去了能给予他们安全感的情感纽带，这使得他们变得极度不安。父母无法提供他们需要的安全感，孩子便很难以此为基础来建立自我。

当父母恐吓、惩罚和羞辱孩子，说出"我受够你了，我再也不想见

第 10 章
成为孩子的"引导者"而非"领导者"

到你了,我不是你爸爸/妈妈了,你就是个讨厌鬼、小混蛋、小霸王,没人受得了你"这样的话时,孩子无法从父母那里获得安慰、理解和关爱。他们失去了对父母的信任,完全失去了安全感,感到痛苦和焦虑,且缺乏自信,因为他人对他的形象的看法完全是负面的。就像一个标签,让他们觉得自己就是那样的人。他们会带着"对,我就是个讨厌鬼"的想法,来构建自我形象,并且表现出这样的行为。正如昂桑布尔所说:"我们将我们所担心的事情变为现实……我们必须打破这种恶性循环。"这种想法有时可能走向极端,认为"这个家庭就像是地狱,大家都不能好好说话,都在大喊大叫"。

当孩子生气时,我们应该如何应对呢?孩子生气是因为他们没有得到他们想要的东西,如果父母认为在这个问题上无法妥协,那么他们可以选择不妥协。但是,父母必须表达对孩子情绪的理解:"我看出你很生气。"一旦孩子感到自己被理解,情绪就会有所缓和。当孩子表现出"可以接近"的迹象时,进一步的亲密接触可以帮助他们更好地平静下来;如果他们仍然表现出强烈的抵触情绪,平静地陪伴也可以平复他们的情绪。

父母通过自己的行为向孩子传达如何以理解、关心而不强迫对方的方式来处理问题。孩子从中学习并模仿,逐渐减少发脾气的次数,类似的情绪爆发也会减少。

"领导者"还是"引导者"?

独裁主义者会不惜一切代价以不容置疑的方式强迫他人服从。他们

Pour une enfance heureuse
非暴力养育

认为自己拥有绝对真理，认为自己的观点是唯一正确的。就像马歇尔·卢森堡（Marshall Rosenberg）戏谑地说："你是要幸福还是要占理？你只能选择其中一种。"这种"我是对的"的态度阻碍了有效的沟通，否认了讨论的可能性，表明一种高高在上的支配态度。

"既然我跟你说了是这样，就没得商量，你必须听我的！"这样的话其实表明了一种脆弱和害怕被他人压制的恐惧："我必须让他知道，在家里我说了算，不是他！否则等他长大了可还得了？"孩子忍受着成年人的专制独裁，无法表达自己的观点，也无法寻求妥协。他们无法拥有自己的想法，唯一能做的就是服从。

这种日常生活中的专制、支配和服从关系只有在求助专业人士并建立相互信任后才得以揭露，家长很少会自发地意识到并主动承认这种问题的存在。

Pour une enfance heureuse　　　　　　　　　　经典案例

安托万的父亲菲利普说道："作为父亲，在家里我必须拥有权威，必须得到尊重，孩子必须绝对无条件地服从。我要对他进行教育。我希望安托万在用餐时能坐好，将双手放在桌子上，把盘子里的食物吃完，不要打断别人讲话。当他提出请求时，要先说'请'，然后再说'谢谢'。他必须学会如何道歉并请求原谅。"

然而，结果却是每顿饭后，安托万都会遭到打屁股的惩罚，然后被罚站在角落里。

第10章
成为孩子的"引导者"而非"领导者"

安托万的母亲娜塔莉则说:"这种情况越来越令人难以接受。他在家里吃得越来越少,在家和学校里都表现出攻击性。我觉得我丈夫应该改变教育孩子的方式,孩子的处境也需要改变。但是菲利普告诉我,他自己也是这样被教育长大的,别无他法。在这个问题上,我们无法沟通,他坚持自己的方法。我感到非常痛苦,但也无可奈何,不知道该如何是好。在孩子的教育问题上,我们夫妻之间的关系变得越来越紧张。"

当命令一个接一个地发出:"快去收拾房间,刷牙,做作业,你快点,该睡觉了……"没有给予孩子任何喘息的时间,也没有展现出对孩子的关爱时,支配和被支配的关系将填满孩子的内心。他可能会以同样的方式对待他的父母或其他孩子,或者他会一直扮演受害者的角色。

关于支配关系,卢森堡曾写道:"当我的请求在别人眼里变成了强迫要求时,我会付出高昂的代价,因为共情的纽带消失了,给予的快乐也不存在了。我失去了我曾经认为的最珍贵的东西,那就是我与他人之间的信任。""不论男女,在一种支配与被支配的教育环境中成长,暴力就会在他们身上生根。当他们摆脱了那些权威控制,如父母或老师的束缚时,他们会变得极为粗暴……"在家庭中,父母的角色应该是"引导者"而不是"领导者"。

作为领导者,父母相信他们可以通过展示权力、大声呵斥、下达命令、贬低羞辱等方式来改变他人的行为。然而,结果显而易见:孩子要么变得具有攻击性、叛逆、霸道、挑衅,要么变得非常顺从。他们会服从成年人说的一切，但因为一直处于压抑状态，会失去自我判断力。长大后，他们或专横，或在叛逆和顺从之间摇摆不定。

作为引导者，父母是为孩子指引方向的人。他们是榜样，而不会强迫孩子。他们知道通过命令孩子来改变行为是不可行的，但如果有必要，他们可以改变与孩子的关系。引导者给孩子指明路标，划定界限，并以冷静的方式与孩子沟通，同时自己也遵守这些界限。

理解孩子的情绪并安抚他们，并不意味着在他们生气的时候就要无条件地满足他们的欲望。理解孩子意味着向他们表达："我理解你对我感到生气，因为我不打算给你那个东西。""我明白你因为没能完成某件事而感到非常恼火。"

父母常常把理解孩子、安抚孩子和纵容孩子混淆起来。安抚并不等同于迁就，也不是满足他们所有的欲望。

情感安全感和情感不安全感

理解和安抚孩子可以让他们感到与父母在一起是安全的："爸妈是我永远的依靠，即使我心情不好，感到生气，他们也不会拒绝我，他们理解我的感受。"

这种情感上的安全感给予人信心和稳定，是成长的基石。基于这个基础，孩子逐步建立起自我，学会独立思考，并为自己负责。相反，不

第 10 章
成为孩子的"引导者"而非"领导者"

安全感、恐惧和缺乏被尊重会让人失去自信,阻碍其建立自我,进而难以独立思考和承担责任,最终导致过度依赖性的产生。

父母们经常对我说:"我希望我的孩子尊重我。"这是一个完全合理的愿望。但其中暗含的意思是什么呢?如果孩子本身受到尊重,他们也会尊重他人。这凸显了共情交流的重要性。一个处于恐惧和压迫环境中的人永远无法学会尊重他人。

当我们把孩子关进房间,让他们冷静的时候

想象一下,如果你的伴侣把你关进房间,要你冷静一下!而你刚下班回家,这一天的工作乱糟糟的,你不禁哭了起来。这时候你的伴侣开始发脾气,说:"去房间里冷静一会儿,好了再出来!"你会感到被拒绝和不被理解,会对他生气。你希望有一个充满爱心、善解人意的伴侣。你想在他的怀抱中哭一会儿,讲述这一天有多么难,你会从他那里得到安抚,你对他充满信任和感激。

孩子也有同样的感受。当孩子正在经历痛苦的情绪时,把他们关进房间让他们自己冷静会让他们感到被拒绝和抛弃。在一个家庭中,不允许表达负面情绪(怀疑、焦虑、愤怒)并不利于建立信任和理解的氛围。孩子身上非常重要的一部分都没有得到倾听。这样,当孩子到了青春期,甚至在步入青春期之前,当他们面临重要问题或需要做选择时,他不会去找父母,而是会在其他地方寻求理解和安慰。

Pour une enfance heureuse
非暴力养育

与一个还不懂事的孩子相处，有时是非常考验人的，需要每天都保持耐心。孩子是逐渐学会懂事的，在 3～4 岁时可能会经历剧烈的情绪爆发，但到了 5 岁、6 岁或 7 岁，他们的情绪就会变得稳定，进入"懂事的年龄"。

在这些时刻保持冷静并安抚孩子对于一些父母来说可能很困难。如果父母无法做到，可以找机会学习。有很多家长互助小组可以帮助这些父母找到适合他们孩子的方法。

做清晰的榜样，让孩子安心

我们自己首先要成为孩子生活中的榜样，通过言传身教将价值观传递给孩子。冗长的说教往往会引起幼儿和青少年的反感，他们根本不愿听。相反，如果父母开明并随时倾听，孩子会自发地询问与他们有关的问题，从而打开交流的大门，孩子也能更好地倾听。

我们重视的道德观和人生准则也会通过我们的言行潜移默化地传达给孩子。当孩子看到父母热爱阅读，从学习和理解中获得乐趣时，他们也会效仿。如果父母对生活、世界和他人充满好奇，孩子与他们共同生活时也会成为富有好奇心的人。当家庭向亲朋好友敞开大门时，孩子会听到父母之间关于世界的所见所闻以及他们喜欢或不喜欢的事物的对话。他们会听到父母有不同的观点和意见，但他们仍然保持着良好的关系。孩子将沉浸在充实的生活中，即与他人有联系、有交流，心态开放，

第 10 章
成为孩子的"引导者"而非"领导者"

善于合作，拥有友谊和爱情等。他们会被这个世界的美丽和复杂所吸引。

父母是园丁

成为一名园丁是一门艺术。他们从事的不仅仅是一门技艺，更是一种生活哲学。园丁热爱生活，守护并呵护大自然。每当看到小苗冒出泥土，茁壮成长，为这个世界增添一抹绿意，他们都会心生喜悦。

人们可以成为自己和生活的园丁。一个好的园丁需要耐心，他们播种、培育幼苗，了解土壤的性质，知道哪些植物可以一起生长。他们会进行各种尝试，也会犯错误。园丁具备谦卑之心，他们明白植物的生命主要取决于阳光、风雨和病虫害的影响，他们所能做的有限。当幼苗茁壮成长，枝叶茂盛，花朵绽放时，他们会为它们的美丽而感到惊叹。如果什么都没有生长出来，他们会重新播种或选择到其他地方播种，花时间去了解该植物的生长需求。当环境适合生长时，植物会深深扎根，茁壮成长。

当环境中充满无条件的爱、信任和自由时，孩子就能无拘无束地快乐成长，他们的根系会深深扎根，为其一生提供滋养。作为孩子的园丁，父母需要有耐心。孩子的成长是一个缓慢的过程。他们需要时间来认识自我、了解自我，认识他人、了解他人，理解这个复杂的世界。在这个旅途中，他们要积累经验、经历失败、学习、尝试，去寻找最能与之共鸣的人或事，为自己的生活找到意义，从而健康快乐地成长。

Pour une enfance heureuse
非暴力养育

什么是"积极的育儿模式"

积极育儿模式是一种家庭内的行为方式，遵循联合国保护儿童权益公约，尊重儿童的利益和权利，同时也顾及父母的需求和能力。这种育儿方式注重孩子的福祉，鼓励他们独立自主，并将他们视为独立个体。这种育儿模式并非纵容孩子，而是为他们设定了合适的界限，使他们能够全面发展。积极育儿模式强调尊重儿童的权利，并倡导非暴力教育。这一概念建立在一系列基本原则之上，父母应该带给他们的孩子：

- 富有情感的教育，满足孩子对爱、情感和安全感的需求。
- 原则和界限，给孩子一种安全感。
- 一种认可，将他们作为一个完整的个体去倾听和欣赏。
- 一种赋权，强化他们的个人能力和行为意识。
- 一种非暴力的教育方式，摒弃一切体罚和精神折磨。

简而言之，孩子能够更好地成长，如果他的父母：

- 对他们充满关爱，并善于鼓励。
- 与他们共度宝贵时光。
- 努力去理解他们的经历和行为。
- 向他们解释需要遵守的规则。
- 当他们表现良好时及时表扬。

后 记

关注孩子，从改变自己开始

约翰·鲍尔比说："一个重视孩子的社会，应该着先关注他们的父母。"当然，我们还需要深化这个观点，不仅仅关注父母，也应该关注与孩子相关的每一个人。

在本书的最后部分，我们已看到，近些年在情感大脑和社会大脑的研究中取得了巨大进步。这改变了我们看待孩子的视角，更进一步促使我们反思与孩子的关系，为我们对教育的理解带来了新的视角和深度。

事实上，我们的大脑似乎是为人际连接而"设计"的，连接着人与人，并充分感知情感、情绪和感觉的丰富性和复杂性。同孩子建立一种互相尊重、共情且充满关爱的理想关系模式，将改变成年人和儿童之间的交流方式，有利于孩子的大脑发育，促使他们茁壮成长。

很多成年人担心这种养育方式会使孩子变得更加不守规矩。但事实恰恰相反，孩子在充满尊重的环境中成长，更能学会尊重和关心他人。因为，孩子们会模仿身边的成年人。这种态度并不妨碍我们将必要的道德标准和价值观传达给他们。

这些认知也向大众强调了儿童在整个成长过程中是多么脆弱，因为在胎儿期和出生后最初的几年里他们最为敏感。在童年时期，孩子的生活经历深刻地塑造着他们的大脑。他们周围的环境影响着神经元的发育、髓鞘化、突触连结和密度、神经回路的形成，也影响着一些大脑关键结构的功能、影响大脑激素分泌、某些基因的表达以及调节应激反应的神经内分泌轴的运行。

在这个容易受伤的阶段，缺乏关爱是最大的压力之一，对孩子来说，他们需要能够共情的成年人陪伴，这些成年人能够为他们指明方向，创造一个温暖且充满爱与尊重的环境，让他们对自己和生活有信心。

如果从幼儿时期开始，孩子的成长之路只有严厉、刻板和不尊重，那么他们的大脑发育就会受到影响。这种环境会对他们的认知能力、情感能力产生负面影响，导致焦虑、抑郁、攻击性的表现，阻碍他们个人生活和人际关系的发展。儿童时期遇到的身体或心理上的困难妨碍了孩子的健康成长，同时也影响了他们成年后的身心健康，甚至可能对下一代产生影响。

这对个体来说代价沉重，因为他们承受痛苦且无法成长。对于整个社会来说，同样需要付出代价，因为社会必须承担他们在身体和心理上

后 记
关注孩子，从改变自己开始

遇到的困难，有时甚至包括学习困难和行为障碍，这些困难可能导致攻击性行为和犯罪行为。

这些认知可能会使一些读者感到困惑、惊讶和气馁。难道改善我们与孩子的关系是一个无法实现且不切实际的目标吗？我并不这么认为。一些国家已经采用了这种教育孩子的方式，使孩子的大脑能够以最佳方式发育，给他们充分发挥潜力的机会。他们已经为我们开辟了一条道路，并证明这是可行的。

这些推论要求我们面对一个重大挑战：如何打破几千年来的养育习惯？应对这一挑战需要时间、反思、精力和信心。

几个世纪以来，"权威至上"的观念曾被广泛认可：奴隶制被视为正常现象，主人拥有决定奴隶生死的权利，军官可以对下属使用暴力，男人可以殴打妻子，成年人被允许体罚孩子。但事实上，无论是在家庭中，还是在日托所和学校中，当与孩子建立高质量的关系时，无论是儿童阶段、青少年阶段还是成年阶段，他们都会过得更好。

在孕期，任何有助于母亲情绪稳定的事务都对胎儿有利，父亲的参与陪伴是非常重要的。从孩子降生的那一刻起，每一个决策都需要深思熟虑。

对于已为人父母的女性和男性，如何保持家庭与事业之间的平衡是一个至关重要的问题。当家庭中迎来新成员，夫妻俩就需要重新考虑如何平衡工作与家庭的关系。从北欧国家的经验看,可以通过鼓励男性分担妻子抚养子女的责任,延长育儿假,以及在子女低龄阶段为父母双方安排弹性工作时间等手段来帮助父母平衡工作与家庭的关系。这些国家成功地在保持经济稳定的同时,实现了工作与家庭的平衡。对家庭生活感到满意的父母更能安心工作,这种满足感也会惠及整个社会。

负责照料孩子的机构,需要重新评估人员的培训和设置。在幼儿机构工作的人员需要对儿童在情绪和情感方面的发展情况有深刻的认知,每个成年人照顾孩子的数量不应过多,以便有时间与他们进行有效沟通。这是对孩子成长的重要投入,因为我们知道,出生后的几年是一个人成长最基础的阶段。

提倡积极的育儿观念,在学校和家庭中学习、培养共情沟通,这对教师、家长和孩子都非常有益,并将有助于课堂和家庭气氛的融洽。

在学校层面,芬兰人为我们开辟了一条道路。通过与社会和情感神经科学方面的研究人员合作,深层次地改变了他们的教学方式。热情对待孩子,信任、鼓励、支持他们,尊重和理解他们,这不是空想,而是完全可以实现的,只要我们有足够的动力。芬兰人创造了一种热情、友好、无压力的学习氛围,这有利于儿童的身心发展,从而有利于学习进步。这种教学方式的效果非常好,孩子在学校很快乐,学习成绩也令人满意,在世界排名中名列前茅。教师也从这一改革中受益,他们为自己在孩子的成长中所起的作用感到自豪和快乐。

后记
关注孩子，从改变自己开始

本书旨在传递知识，激发思考，提出建议，以改善成年人和儿童的关系，促进整个社会的进步。

当成年人为孩子指明道路，树立榜样，不使用肢体或语言暴力来对待孩子，而是与孩子保持一种充满爱，能够共情的关系时，孩子就会健康成长。这种新理念的传播、旧文化习惯的改变可能需要一段时间。这些知识并没有简化成年人的角色，而是使他们更清醒，对待孩子的态度更负责。

孩子们很早就学会了情感交流和社交技能。他们获取了自身成长所需的关键养分，并将其分享给周围的人，然后再将这些经验和知识传递给自己的孩子。

致 谢

我要衷心感谢那些为这本书的构思和创作做出贡献的人：

感谢我的编辑让娜·巴尔兹莱-波拉塔弗，感谢她给予的帮助，她的高效率、温柔和鼓励。

感谢我的朋友阿诺德·德鲁，感谢他的好奇心、慷慨和热情。

感谢伊丽莎白·费丽奥沙鼓励我写作，并重读了部分文本。

感谢托马斯·德·昂桑布尔，因为他本人，以及他传授给我的知识，还有他精彩的序言。

感谢奥利维耶·莫莱尔，他的著作让我受益匪浅。

感谢儿科医生雅克琳娜·高尔奈，请接受我真挚的友谊和深深的感激之情，因为她是法国第一位让我们正视日常教育暴力的人，并成立了一个"既不打耳光也不打屁股协会"。

Pour une enfance heureuse
非暴力养育

感谢桑贝,他的著作《童年》(*Enfances*)给我留下了深刻的印象。

感谢我的朋友们,你们提出的问题和评论丰富了我的作品:沙维尔·普赫尔,贝尔纳和玛莱特·普赫尔,克里斯蒂娜·卡斯勒,弗雷德里克·福斯,安娜·肯弗,布里吉特·曼什和让-米切尔·贝斯涅。

参考文献

考虑到环保的因素，也为了节省纸张、降低图书定价，本书编辑制作了电子版的参考文献。请扫描下方二维码，直达图书详情页，点击"阅读资料包"获取。

未来，属于终身学习者

我们正在亲历前所未有的变革——互联网改变了信息传递的方式，指数级技术快速发展并颠覆商业世界，人工智能正在侵占越来越多的人类领地。

面对这些变化，我们需要问自己：未来需要什么样的人才？

答案是，成为终身学习者。终身学习意味着永不停歇地追求全面的知识结构、强大的逻辑思考能力和敏锐的感知力。这是一种能够在不断变化中随时重建、更新认知体系的能力。阅读，无疑是帮助我们提高这种能力的最佳途径。

在充满不确定性的时代，答案并不总是简单地出现在书本之中。"读万卷书"不仅要亲自阅读、广泛阅读，也需要我们深入探索好书的内部世界，让知识不再局限于书本之中。

湛庐阅读 App: 与最聪明的人共同进化

我们现在推出全新的湛庐阅读 App，它将成为您在书本之外，践行终身学习的场所。

- 不用考虑"读什么"。这里汇集了湛庐所有纸质书、电子书、有声书和各种阅读服务。
- 可以学习"怎么读"。我们提供包括课程、精读班和讲书在内的全方位阅读解决方案。
- 谁来领读？您能最先了解到作者、译者、专家等大咖的前沿洞见，他们是高质量思想的源泉。
- 与谁共读？您将加入优秀的读者和终身学习者的行列，他们对阅读和学习具有持久的热情和源源不断的动力。

在湛庐阅读 App 首页，编辑为您精选了经典书目和优质音视频内容，每天早、中、晚更新，满足您不间断的阅读需求。

【特别专题】【主题书单】【人物特写】等原创专栏，提供专业、深度的解读和选书参考，回应社会议题，是您了解湛庐近千位重要作者思想的独家渠道。

在每本图书的详情页，您将通过深度导读栏目【专家视点】【深度访谈】和【书评】读懂、读透一本好书。

通过这个不设限的学习平台，您在任何时间、任何地点都能获得有价值的思想，并通过阅读实现终身学习。我们邀您共建一个与最聪明的人共同进化的社区，使其成为先进思想交汇的聚集地，这正是我们的使命和价值所在。

CHEERS

湛庐阅读 App 使用指南

读什么
- 纸质书
- 电子书
- 有声书

怎么读
- 课程
- 精读班
- 讲书
- 测一测
- 参考文献
- 图片资料

与谁共读
- 主题书单
- 特别专题
- 人物特写
- 日更专栏
- 编辑推荐

谁来领读
- 专家视点
- 深度访谈
- 书评
- 精彩视频

HERE COMES EVERYBODY

下载湛庐阅读 App
一站获取阅读服务

Pour une enfance heureuse by Catherine Gueguen.
Pour une enfance heureuse © Éditions Robert Laffont, Paris, 2014
Current Chinese translation rights arranged through Divas International, Paris
巴黎迪法国际版权代理 (www.divas-books.com).
All rights reserved.

本书中文简体字版经授权在中华人民共和国境内独家出版发行。未经出版者书面许可，不得以任何方式抄袭、复制或节录本书中的任何部分。

版权所有，侵权必究。

图书在版编目（CIP）数据

非暴力养育/（法）卡特琳娜·盖冈（Catherine Gueguen）著；窦镭译 . -- 杭州：浙江教育出版社，2024.2
　　ISBN 978-7-5722-7334-6

Ⅰ.①非… Ⅱ.①卡… ②窦… Ⅲ.①儿童教育—家庭教育 Ⅳ.① G782

中国国家版本馆 CIP 数据核字（2024）第 014924 号

浙江省版权局
著作权合同登记号
图字：11-2023-470号

上架指导：脑科学 / 科学养育

版权所有，侵权必究
本书法律顾问　北京市盈科律师事务所　崔爽律师

非暴力养育
FEI BAOLI YANGYU

[法] 卡特琳娜·盖冈（Catherine Gueguen）
窦　镭　译

责任编辑：高露露	
美术编辑：韩　波	
责任校对：洪　滔	
责任印务：曹雨辰	
封面设计：湛庐文化	

出版发行	浙江教育出版社（杭州市天目山路40号）
印　　刷	天津中印联印务有限公司
开　　本	710mm ×965mm 1/16
插　　页	1
印　　张	17.25
字　　数	195 千字
版　　次	2024 年 2 月第 1 版
印　　次	2024 年 2 月第 1 次印刷
书　　号	ISBN 978-7-5722-7334-6
定　　价	99.90 元

如发现印装质量问题，影响阅读，请致电 010-56676359 联系调换。